子どもの才能は3歳、7歳、10歳で決まる!

脳を鍛える10の方法

林 成之

GS 幻冬舎新書 198

まえがき

親の望みは子どもを〝勉強ができる子〟にすることなのか

本書は、脳医学の知見にもとづき、科学的な「子どもが才能を発揮する脳の育て方」をご紹介することを目的としています。

いま、この本を手に取ってくださっている方は、「子どもの才能を伸ばす」ということに強い関心を持っている教育熱心な方が多いことでしょう。「才能の正しい伸ばし方を早く教えてほしい！」と、気持ちが急《せ》いているかもしれません。

しかし、才能の伸ばし方の話に入る前に、みなさんに考えてみていただきたいことがあるのです。それは、「なぜ子どもの才能の伸ばし方を知りたいのか」ということ。

あなたがこの本を読むのは、わが子を〝勉強ができる頭のよい子〟にしたいからでしょうか。たとえば、自分の子どもが幼いうちから難しい計算ができたり、英語がきれいに発音できたり、漢字の読み書きができるようになれば、それだけでみなさんは満足できますか？

よく考えてみれば、それだけでは足りないことに気づくはずです。

みなさんが子どもの才能を伸ばしたいと願うのは、「子どもに将来、充実した幸せな人生を歩んでいってほしい」という思いがあるからでしょう。

では、そのためにはどうすればよいのでしょうか。計算能力や言語能力さえ高めればよいというわけではありませんよね。たとえ学校でよい成績を取り、〝よい大学〟に入れたとしても、社会に出てから「あいつはダメだ、使えない」という悪い評価を受けてしまったり、そもそも社会に適応できない性格になってしまったりしては意味がないということに、異論をはさむ人はいないでしょう。

子どもの将来のことを考えれば、本当に必要なのは、**「思考」「理解」「記憶」**といった脳の**「機能」**を十分に引き出すこと。さらに、長期的な視野に立てば、成長にともなって持てる才能をどんどん開花させる**「進化する脳」**を育まなくてはなりません。

また同時に、周囲とよい人間関係を築く性格や、何事も手を抜かず全力で頑張る素直さを育て、社会でいきいきと活躍できる総合的な「人間力」を身につけることも大切です。

もしかすると、なかには「そんな悠長なことはいっていられない。すぐに子どもの頭がよくなって、勉強ができるようになる方法が知りたい」と思う方もいるかもしれません。しかし、才能というのは一朝一夕に高められるものではありません。

もっといえば、長期的な視野に立った「育脳」でしか、本当に頭をよくして、持てる才能を十分に発揮させることはできないのです。

脳の機能はどうすれば高まるのか

近年、「頭を使って脳を活性化させれば、脳の機能も高まる」といった誤った考え方が広まっています。しかし残念ながら、クイズを解いたり計算を繰り返したりしても、人間の脳の機能は高まりません。

たとえば、映像などで「頭を使ったら、脳の血流が増えた」などという実験結果を見せられると、「頭は使えば使うほどよくなる」と誤解してしまう人がいるようです。

しかし、脳の血流というのは、身体をつねるだけでも増えるものなのです。

「外部から刺激を受けるなどして脳が働いているときに、脳の血流が増す」のは確かですが、「血流の増加は脳が優れた働きをしている証拠だ」とはいえません。

人間の思考力や理解力、記憶力などの機能は、ドリルを解いたり、脳トレのゲームをしたくらいですぐ高まるほど単純なものではないのです。

では、脳の機能はどうすれば高まるのでしょうか？

実は、脳医学的には、そもそも「脳の機能だけを高めよう」というのが間違いのもと。

というのも、理解、思考、記憶といった脳の機能は、脳の「本能」や「心」と三位一体のものだからです。脳の機能を高め、パフォーマンスを上げるには、本能を磨くこと、よい心を育むことが絶対に必要なのです。

詳しくは具体的な方法と併せて本編でじっくりご説明していきますが、ここでわかりやすい例を一つあげておきましょう。脳が「情報を受け取り、その情報を理解する」という機能を果たす場面を考えてみます。

脳は、情報を受け取ると、まず「A10《エーテン》神経群」と呼ばれる部分で情報に対して「好きだ」「嫌いだ」「興味がある」といったレッテルをはることがわかっています。実は、このレッテルは脳の機能に非常に大きな影響を与えるもの。「好きだ」「興味がある」といった、プラスのレッテルをはられた情報は、しっかり理解でき、思考が深まり、覚えやすいのです。

一方、「嫌いだ」「興味がない」というレッテルをはられた情報は、理解が浅く、思考も深まらず、記憶もしづらいということになります。つまり、脳の理解力や思考力を引き出すには、情報に対して「好きだ」「興味がある」というレッテルをはれることが必須なのです。

そして、ここで重要な役割を果たすのが、脳の「本能」と「心」。

脳にはいくつかの本能がありますが、なかでも基本的なものとして「生きたい」「知りたい」という脳神経細胞由来の本能があります。そして、「生きたい」「知りたい」という本能は、探求心や好奇心と呼ばれる心を生み出しています。

脳が情報を受け取ったときに「好きだ」「興味がある」というレッテルをはるには、探求心や好奇心を持っていることが必要です。つまり、「生きたい」「知りたい」という本能が磨かれ、探求心や好奇心が育まれていれば、理解力や思考力をしっかり発揮することができる——というわけです。

みなさんもちょっと考えてみると、思い当たるふしがあるのではないでしょうか。身の回りで、「あの人は優秀だ」と言われる人たちは、みな、好奇心旺盛ではありませんか？　逆に、「何事に対しても無関心だけれど、頭がよい」という人はまずいないはずです。

ここで非常に大切なことは、人の心は本能を基盤にして生まれるという点です。このため、脳の本能が何を求めているかを知り、本能を磨くことは、探求心、向上心、貢献心、自尊心、友情や愛情を感じる心などを育むことにつながります。そして、心を育むことは、人間性を高めるのはもちろん、脳の機能を高めることにもつながっているのです。

つまり、育脳において大切なのは、脳のしくみにもとづき、「脳の本能を磨き」「心を育み」「機能を発達させる」ことを一体に考えて取り組むことであるといえます。そして、これこそまさに「社会の中で自分の才能を十分に発揮し、よい人間関係を築き、充実した幸せな人生を送る」ための子どもの脳の育て方である、といってよいでしょう。

子どもの脳と大人の脳には違いがある

育脳においては、もう一つ、非常に重要なポイントがあります。それは、子どもの脳と大人の脳の違いです。

人間の脳には、生後しばらく脳の神経細胞が増える時期があり、その後、不要な神経細胞を減らしながら神経回路を発達させていくという過程を経ています。つまり、子どもの脳は発達の途上にあるのです。

脳がどのような状態にあるかによって、取るべきアプローチが変わってくるのは当然のこと。より具体的にいえば、育脳では「0〜3歳」「3〜7歳」「7〜10歳以上」をそれぞれ区切りとしてアプローチを変えていく必要があるのです。「子どもの才能は3歳、7歳、10歳で決まる！」というのは、医学的な脳の発達過程にもとづく事実なのです。

本書の目的は、脳のしくみと発達過程にもとづいた、本来あるべき育脳の方法をみなさんにわかりやすくお伝えすることにあります。具体的にどんなふうに育脳に取り組めばよいか、さっそく順を追って解説していきましょう。

そうそう、本編をお読みいただくにあたって、一つとっておきのアドバイスがあります。

先ほど、脳の理解力や思考力、記憶力を高めるためのカギとして「好きだ」「興味がある」というレッテルが大切だということをご説明しましたが、実は、脳の機能を高めるにはほかにも重要なカギがあるのです。それは、本を読んだり人の話を聞いたりして情報を得たときに、「なるはどなぁ、すごいなぁ」と感動することです。

読書をする際は、「きっと興味深いことが書いてあるに違いない」と気持ちを高め、「なるほどなぁ！」と感動しながら本を読むと、脳の機能が高まり、得るものが多くなります。ぜひ、そのことを心に留めて読み進めていってください。

子どもの才能は3歳、7歳、10歳で決まる！／目次

第4章　7～10歳以降は自主的に勉強させる　143

編集協力　千葉はるか

第1章　子どもの脳はこうして発達する

脳はどのように情報を受け入れるのか

脳には主に、五感から得た情報を理解・判断し、思考し、記憶するという機能があります。一般的に「頭をよくしたい」という場合、理解力、判断力、思考力、記憶力などを高めたいという意味であることが多いようです。

しかし、脳の機能を高めたいと考えていても、実際にどのように脳が機能しているかを知っている方は少ないのではないかと思います。

いったい、脳はどのようにして情報を取り込み、理解・判断し、思考し、記憶するのでしょうか。

ここで、図1を見ながら簡単に整理しておきましょう。

目から入った情報は「①大脳皮質神経細胞」が認識し、「②A10神経群」と呼ばれる部分に到達します。

このA10神経群は、好き嫌いをつかさどる「側坐核《そくざかく》」、危機感をつかさどる「扁桃《へんとう》

図1　脳は①〜⑥の順に情報を処理していく

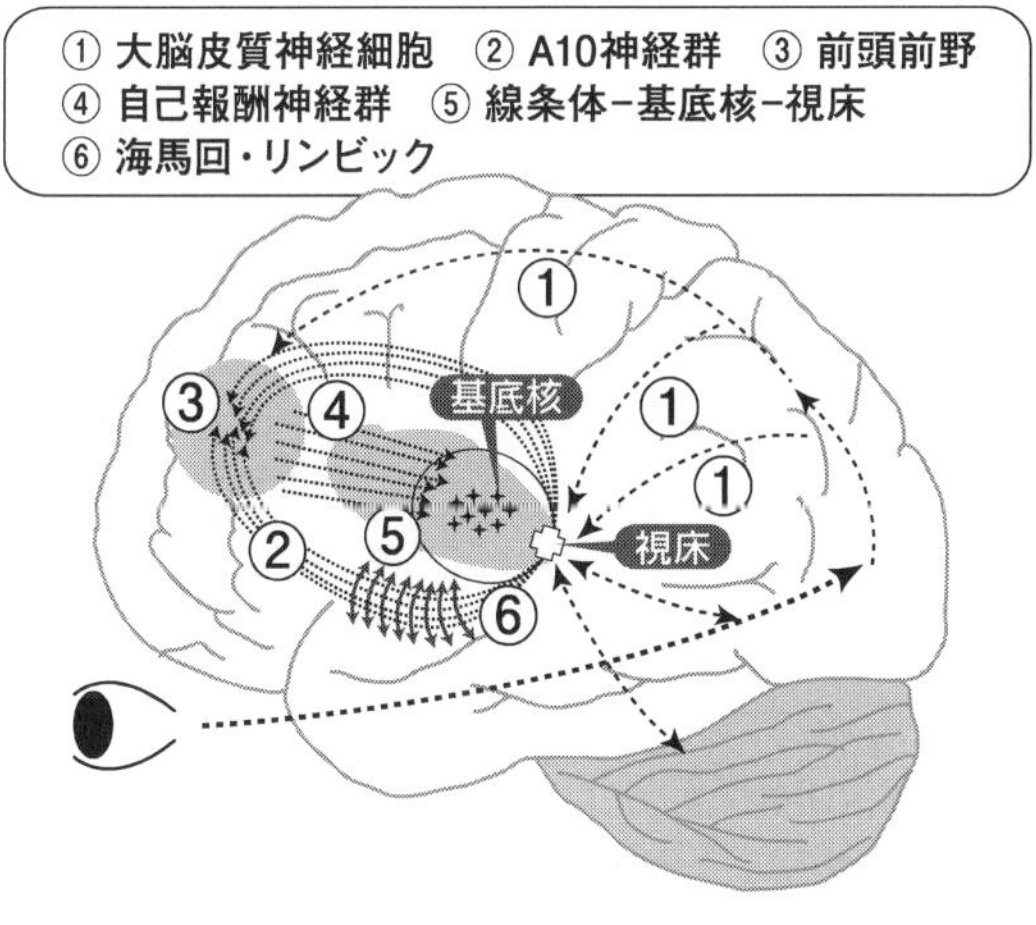

核《かく》」、言語や表情をつかさどる「尾状核《びじょうかく》」、意欲や自律神経をつかさどる「視床下部《ししょうかぶ》」などが集まった部分。A10神経群では「感情」が生まれ、情報に対して「好きだ」「嫌いだ」「面白そうだ」「興味がない」といった感情のレッテルをはります。先に少しご説明したように、ここではられたレッテルがプラスの感情であれば、その後の脳の機能はよく働き、逆にマイナスの感情の場合は機能がしっかり働きません。

　たとえば、「好きな科目を勉強していると頭がよく働くし記憶もできるけれど、苦手な科目はさっぱり頭に入ってこない」という経験は誰しもあるはずです。これは、

A10神経群の働きによるもの。A10神経群は「頭をよくする」ためのカギをにぎっているといってよいでしょう。

レッテルをはられた情報は、次に「③前頭前野《ぜんとうぜんや》」に入ります。ここは情報を「理解・判断」する部分。その後、情報は「④自己報酬神経群」を介し、「⑤線条体《せんじょうたい》―基底核《きていかく》―視床」、「⑥海馬《かいば》回《かい》・リンビック」へと持ち込まれ、思考するという機能を働かせるのです。

思考する際、「②A10神経群」から「⑥海馬回・リンビック」までの神経群が一つの連合体として機能するため、私はこれらの神経群を総称して「ダイナミック・センターコア」と呼んでいます。

前頭前野は、脳に入ってきたさまざまな情報をコードパターン化し、新たに入ってきた情報のコードと重ね合わせます。こうしてコードを重ね、「差異」をより分けることによって、人間の脳は「正しい」「間違っている」「同じだ」「ずれている」「似ているが、異なる」「違うが、共通点もある」などといった非常に高度な「判断」を下すことができるのです。この「差異をより分ける能力」は、脳の判断力・理解力を高めるために、大変重要であるといえます。

前頭前野と線条体の間に介在する自己報酬神経群は、脳の機能を高める際に重要な役割を担っており、A10神経群や前頭前野と並んで育脳のカギをにぎる部位の一つです。自己報酬神経群は、その名の通り、「自分への報酬＝ごほうび」によって機能する神経細胞群。ここでいう「ごほうび」とは、「自分でやろうと考えたことを成し遂げること」ととらえることができます。自己報酬神経群は、自分から「やってやろう」と思うこと、つまり自主性、主体性を持ったときに、脳の思考力や記憶力を高めるわけです。

自己報酬神経群は、脳の中でも非常に特殊な構造をしていることがわかっています。脳の神経回路網は情報が伝わる順に末広がりになっているのですが、自己報酬神経群の部分だけは回路の数が減り、収束していくのです。これは、自己報酬神経群がさまざまな情報を一つの気持ちや考えにまとめるしくみを持っていることを示しています。

実際、脳に障害を負った患者さんのうち、CT画像で自己報酬神経群が機能していないことが確認できる方は、みな口をそろえて「気持ちや考えをまとめることができない」と言います。

自己報酬神経群がうまく働かないと、脳のパフォーマンスが落ちてしまうのはこのためです。多くの人は、感覚的に「モチベーションが落ちるとパフォーマンスが悪くなる」ということをご存じだと思いますが、これは、脳医学的には「自己報酬神経群がしっかり機能していない状態」ということができます。

脳は「本能」には逆らえない

脳の機能が十分に働くために重要な役割を果たすのが、脳の「本能」と「心」です。

まず、脳の機能の基盤となる、脳の本能についてお話ししていきます。人間の脳は、本能にはなかなか逆らうことができません。脳の持つ力を最大限に発揮するためには、本能について知ることが第一歩であるといってもよいほどです。

では、脳の本能にはどのようなものがあるのでしょうか。順に見ていきましょう。

脳を構成する脳神経細胞は、生まれながらにして、その一つひとつが本能を持っています。脳神経細胞が持つ本能とは、**「生きたい」「知りたい」「仲間になりたい」**の3つ。これは、脳神経細胞が周囲の細胞同士でつながり合い、情報を処理することを存在意義として脳を成り立たせていることを考えると、よく理解できるでしょう。

さらに、脳神経細胞が集まり、組織を成すことによって生まれるのが**「自己保存」「統一・一貫性」「自我」**の本能。これは、脳の組織の働き、つまり脳の機能を守るためのものです。

「自己保存」は、A10神経群が情報の好き嫌い、興味の有無、危険性などを判断する働きの基盤となる本能。「生きたい」という脳神経細胞の本能に根ざしています。よりわかりやすくいえば、「脳は自分を守ろうとする本能を持っている」ということです。

「統一・一貫性」は、前頭前野が情報を理解する働きの基盤となる本能。正誤を判断する、類似する物を区別する、バランスを取る、物事の筋道を通すといった作用がある一方、脳に「統一・一貫性が保てなくなることを避けたがる」という性質を持たせるものでもあります。

「自我」は、自己報酬神経群の「主体性を持って報酬（ごほうび）を得ようとする、自ら達成したい気持ち」の基盤となる本能。赤ちゃんは、生まれた直後からお腹が空くと泣き出しますが、これは脳の組織が持って生まれた自我という本能があるからです。

そして、脳の組織が連合して働き、「考え」を生み出すしくみは、**「違いを認めて共に生きる」**という本能を基盤としています。

ダイナミック・センターコアを構成するA10神経群や前頭前野、線条体、海馬回などは、それぞれ異なる機能を持っていますが、それが連係することによって一つのまとまった「考え」を生むことができます。つまり脳は、組織ごとの機能を活かし、その差異を包含し、一体となって働くというしくみによって成り立っているのです。人間の脳が生み出す複雑な思考は、「違いを認めて共に生きる」という本能なくしては生まれないといってもよいでしょう。

本能を過剰反応させてはいけない

「生きたい、知りたい、仲間になりたい」「自己保存、統一・一貫性、自我」「違いを認めて共に生きる」――脳がこれらの本能を持っているということは、その結果として脳がどんなふうに能力を発揮し、あるいは過ちを犯すかの例を知れば、みなさんもすんなり理解できるはずです。

たとえば、「統一・一貫性」の本能は、人間が整ったものやバランスのよいものを選んだりつくったりする能力のベースとなります。きれいな人、カッコいい人に好感を持つのも「統一・一貫性」の本能があるからです。

「統一・一貫性」の本能は非常に強固なため、時に判断を誤らせることもあります。わかりやすいのは、組織の中で多数派を占める意見に流されるという現象。人間の脳は、物事の正しさより、周囲の環境に合わせたい、数が多いものにそろえたいという「統一・一貫性」の本能に引っ張られることが少なくありません。

また、自分と異なる意見をいう人のことを嫌いになるという反応も、「統一・一貫性」の本能から説明できます。冷静に考えれば、意見が違うからといって相手を嫌う必要はないはずなのですが、脳は自分の意見と異なるものに対して「統一・一貫性」の本能に反するという理由で強い拒絶を示すのです。

本能は、前向きに働くこともあれば、後ろ向きに作用することもあります。本能は脳の基盤を成しているため、非常に強固なもの。後ろ向きに作用する本能が重なると、理屈抜きで非常に強いネガティブな反応を起こすので、注意が必要です。

たとえば、自己保存の本能は人間が生きていくうえでなくてはならない本能ですが、過剰に働けば、「他人を蹴落としてでも自分を守りたい」「自分を守るためには、新しいことにチャレンジしないほうがよい」といった考えを生むことがあります。自己保存の本能が過剰反応しないように脳を育てなければ、大人になってから「チャンスに巡り合っても活かすことができない」「他人の意見を取り入れられず思考が深まらない」「周囲の人とうまくつき合えない」といった問題を起こしかねないのです。

本能が過剰反応してしまうと、それを抑えるのは簡単ではありません。特に本能が2つ以上重なると、脳は「理屈抜きで、とにかく嫌なものは嫌」といった強い拒絶反応を示すことがあります。

たとえば、いつも子どもに「ダメだな」「違うだろう、そうじゃないんだ」などと言っている大人がいるとしましょう。子どもは「統一・一貫性」の本能が働いて、その大人を好きになれません。このような状況で、子どもが初めての鉄棒におそるおそる挑戦しようというときに、その大人が「逆上がりなんて怖くないよ、やってみなさい」と言ったら、子どもはどんな反応を示すでしょうか？

ただでさえ自分を守りたい気持ちが働いている状態に加え、「嫌いな人が言うことだから受け入れられない」という考えが重なるわけですから、チャレンジできなくなってしまいます。

さらに、自己報酬神経群の基盤となっている「自我」の本能は、「自分が進んでやること」を望んでいますから、他人から「やってみろ」と言われることを嫌がるという特徴があります。このため、嫌いな人から「やれ」と言われたことは、どんなに言葉を尽くしてやったほうがよいのだと説明されても、「とにかく、やりたくない！」と思ってしまうのです。

子どもが強い拒絶反応を示すときは、状況をよく観察し、脳のどの本能が過剰反応しているかを考えてみる必要があります。先の例でいえば、逆上がりに挑戦できないのは、3つの本能が過剰反応しているためであると考えられるでしょう。

では、このケースで過剰反応を取り除くにはどうすればよいのでしょうか。

まずは、「お父さん（お母さん）も最初は同じように怖かったんだよ」と共感して仲間になり、「でもね、こうやるとうまくいったよ」と伝えます。そして、怖いという気持ちを取り除くために下にマットを敷くなど、子どもが「大丈夫だ」と思える環境をつくること。さらに、「できるようになったらすごいね」と話しかけて自我の本能が生む自尊心を刺激し、「やってみる？」と尋ね、子ども自身に「やってみる！」と言わせて自己報酬神経群を働かせること。こういった周囲の配慮しだいで、子どもは持てる力を発揮できるようになります。

前向きの本能をうまく働かせることができれば、物事をポジティブに転換することは可能です。

たとえば、「仲間になりたい」という本能を持って組織に入っても、周囲の人たちと意見がぶつかると、「自分を守りたい」という自己保存の本能が働いて周囲とかかわり合うことを拒絶したくなる場合があります。

そんなときは、「違いを認めて共に生きる」という本能を使い、「人と意見がぶつかるのは当たり前だ」と認めるのが本能のネガティブな反応を克服する方法です。

また、「仲間になりたい」という本能を強化し、「意見がぶつかった相手は、自分の考えを高めるために神様がつかわした人」と考えると、自分の才能を発揮しやすくなります。さらにいえば、自己保存の本能そのものを意識的に捨てることでも、状況を克服することができるでしょう。

ネガティブな反応が脳のどの本能を基盤に生まれているのかを理解し、本能をポジティブに働かせることによって克服するというアプローチを取ることができれば、迷いや苦しみをよりよい方法で解決することができるのです。

脳機能の基盤となっている本能は、過剰反応を抑えることが必要である一方、うまく活かせば脳の機能を最大限に引き出すことができるものといえます。

本能が「心」を生み出している

次に、「心」について考えてみましょう。心というのは、大変とらえにくいものです。心について医学的、科学的に考察されることは、いままでほとんどなかったといってもよいでしょう。

心とは、脳の本能を基盤として、思考することによって生まれると理解することができます。脳の中では、情報が持ち込まれると、A10神経群や前頭前野、記憶をつかさどる海馬回・リンビック、線条体や視床などからなるダイナミック・センターコアが「思考」し、「考え」や「信念」、そして「心」が生み出されるのです。この脳のしくみからわかるのは、本能を磨き、脳神経細胞、A10神経群や自己報酬神経群を含むダイナミック・センターコアの働きを高めることが、よい心をつくるということです。

たとえば、「生きたい」「知りたい」「仲間になりたい」という本能からは、思考にともなって探求心や競争心、友愛の心が生まれます。「自己保存」や「自我」からは自尊心や欲望の心、向上心が生まれ、「違いを認めて共に生きる」という本能から、貢献心や他者を愛する心が生まれるのです。

また、みなさんは「クオリア」という言葉を耳にしたことがあるかもしれません。日常生活ではあまり使わない言葉なのでなかなか理解しにくいもののようですが、実は「クオリア」も人間の心を指す言葉。「統一・一貫性」の本能から生まれる心で、微妙な差異を判断して好悪《こうお》を感じる働きのことです。

才能と切り離せない「本能」と「心」

では、「脳の本能」と「心」、「脳の機能」はどのようにかかわり合っているのでしょうか。

まえがきで少し触れたように、「生きたい」「知りたい」という本能からは探求心や好奇心が生まれます。探求心や好奇心を生む力がしっかり育まれていれば、脳が情報を受け取ったときにA10神経群で情報に対して「興味がある」というレッテルがはられやす

図2　「脳の機能」「本能」「心」の関係とは

「脳の機能」と「心」は「本能」を基盤に生まれる!

くなります。そして、「興味がある」というレッテルがはられるほど、脳は「情報を処理して理解する」という機能をしっかり働かせることができます。

また、「自我」や「自己保存」の本能から生まれる「向上心」や「自尊心」は、「自分からやってやろう」という意欲のもととなります。この意欲は、理解した情報を「思考」に持ち込む際のカギとなる「自己報酬神経群」を機能させるために欠かせないものです。

このように、三位一体の複合的な関係を見てみると、脳の機能は、その基盤となっている「本能」と、そこから生まれる

「心」を抜きにしては高められないことがわかるでしょう（図2）。

人の優秀さを語るときは、よく「人間力がある」などと総合的な評価をする表現が使われます。これは、「脳の機能がよく働く人は、その機能を働かせるだけの基盤となる磨かれた本能やよい心を持っているものだ」ということに、なんとなく気づいている方が多いからでしょう。

科学的に説明すれば、それは「脳の機能と本能、そして心は三位一体である」ということにほかなりません。才能を発揮する脳を育て、機能を高めるには、「本能を磨きながらその過剰反応を抑えること」「よい心を育てること」が必須なのです。

「考え」はこうして生まれる

人間の脳には、何度でも繰り返し思考することができるという特徴があります。これは、ダイナミック・センターコアが、消えることのない渦巻きのような形の神経回路を持っているからです。

図3　「考え」はこうして生まれる

2つの渦巻きにより、考えが生まれる

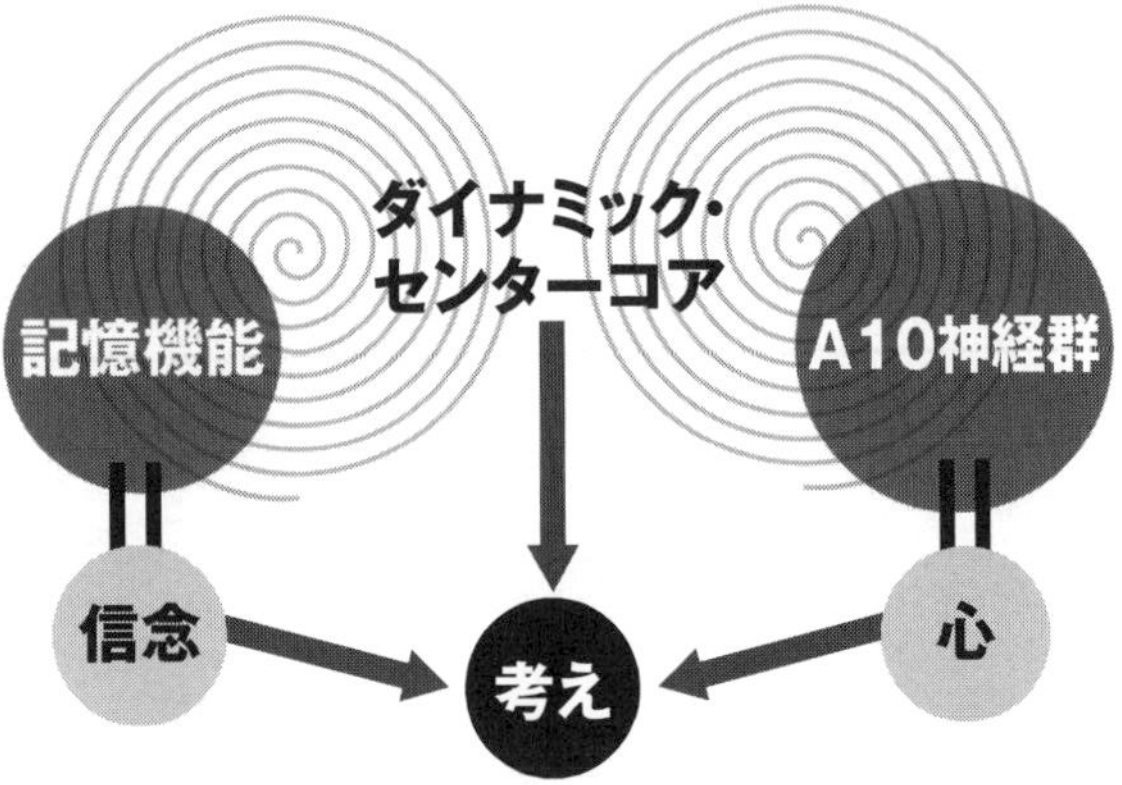

この渦巻きは、ナイアガラのもともとの滝つぼの所にある「ワールプール」と非常によく似ています。

ワールプールでは水が常に渦を巻いて混ざり合うため、霧が立って藻や苔が生まれ、魚や鳥が集まるのです。それは、水の流れによって生命が生まれる場。このワールプールのように、ダイナミック・センターコアでは思考が渦を巻くように途切れることなく流れ、それによって考えや心、信念を生んでいます。

脳の神経回路をより詳しく見ると、ダイナミック・センターコアには、2つの神経回路（＝渦巻き）があることがわかります（図3）。A10神経群を巻き込んだ回路は好悪などの感情をともなった「心」を、記憶機能を巻き込んだ回路は記憶との情報の照合によって統一・一貫性を判断して「信念」を生んでいます。

そして、この2つの回路が融合することによって、ダイナミック・センターコアは「考え」を生むのです。

2つの神経回路が融合する部分の神経伝達路の数を調べると、興味深いことがわかります。それは、情報が出ていくルート（神経伝達路）より、入っていくルートのほうが多いということ。これは、脳が情報をとどめ、思考する時間を取るしくみを持っていることを意味します。

このようなダイナミック・センターコアのしくみを知ると、人間の考えは、繰り返し思考することによって深まっていくものであることがわかります。緻密に繰り返し考え抜くことでよりよいアイデアがつくられる理由は、脳のしくみから説明できるわけです。

最近は効率を重視することがよしとされる風潮がありますが、脳の思考力を存分に発揮するには、時間をかけて繰り返し考えることが必須。子どもにも、時間をかけてじっくり考える習慣を身につけさせなくてはなりません。

どうやって人に気持ちが伝わるのか

本書が目指す育脳のゴールは、脳の持てる力を存分に発揮し、社会の中で活躍して充実した人生を送る子どもを育てることにあります。

社会の中で活躍するためには、周囲の人の気持ちを理解し、心を通わせなければなりません。このことにはみなさん、異存はないでしょう。

では、他人の気持ちを理解したり、人と心を通わせたりできるようになるには、どのような習慣づけが必要なのでしょうか。

この問題を考えるには、脳の「同期発火」という現象を理解する必要があります。

「同期発火」とは、脳が考えを一つにまとめる際に脳神経細胞で起きる現象のことです。

人間の脳は、取り込んだ情報に感情を付与し、理解し、思考するという働きを経て、一瞬でまとまった概念を生み出すことができます。このように情報が脳内でまとめあげられるのは、150億もの神経細胞が情報を伝え合うしくみがあるからです。

脳の神経細胞は、自らの周囲にある神経細胞と無数の回路をつくっているだけでなく、遠くの神経細胞とも長い軸索（神経線維）でつながり合い、瞬時に情報を共有しているのです。

脳の神経細胞は情報がもたらされることで、その活動を活発化させます。これを神経細胞の「発火」と呼びます。

1999年、ディースマンによって、脳内の情報は大脳皮質の神経細胞が隣の神経細胞と情報をやり取りしながら順に次々と発火することによって一つにまとまるという理論が提唱されました。情報を伝え合う細胞の間では、連鎖的に発火が起きており、情報が伝わるルートの上に、神経細胞を結ぶ発火のループができている、と考えるわけです。

情報を受け取った神経細胞は、情報の発信元である神経細胞にフィードバックを行うことがわかっています。

脳が受け取った情報は、必ずA10神経群でレッテルをはられるということをご説明しましたね。これは、A10神経群で感情を付与された情報は、情報を送り込んできた大脳皮質全体の神経細胞にフィードバックされ、同期発火することを意味します。そして、同期発火は「面白い」「好きだ」「感動した」といったプラスの感情を持つほど強くなるのです。

人が考えをまとめる際は、A10神経群を介して同期発火が起きています。A10神経群でプラスのレッテルをはれなければ、考えをまとめることが難しくなり、理解力や記憶力がしっかり働きません。

そして――ここからが特に重要なのですが――人間が相互に気持ちや心を通じ合わせることができるのは、A10神経群から始まるダイナミック・センターコアに同期発火を起こす力があるからなのです。

先のディースマンの理論では、人間の気持ちや考えが変化し、他人と伝え合えるのがどのようなしくみによっているのかは、まだ解きあかせていません。しかし、よく考えてみると、人と人が気持ちや考えを伝え合えるのは不思議なことだと思いませんか。泣いている人を見ると、なぜ悲しい気持ちになるのでしょう？

人間の脳神経細胞には、「仲間になりたい」という本能があります。さらに統一・一貫性の本能があるために、脳は「相手に合わせよう」「相手と同じにしよう」という方向に働きます。そこで、脳は相手から悲しげな顔や話の内容、涙などの情報を受け取ると、相手と同じようにダイナミック・センターコアを形成する脳神経細胞を同期発火させるのです。これをわかりやすくいえば、人の脳には、コミュニケーションする相手とできるだけ同じ同期発火のループをつくろうとする力がある、ということ。

相手が自分と同じ同期発火のループをつくるには、そもそも自分の脳の中で強い同期発火が起きていなくてはなりません。

また、気持ちを共有するには、同期発火の始点であるA10神経群が同じように働く必要がありますから、物事への興味や感情がずれていてはいけません。

さらにいえば、気持ちが伝わったとしても、相手の自己報酬神経群を活性化させて同期発火を起こせなければ、「考え」や「心」や「まとまった概念」は共有できないのです。

このように、同期発火をキーにして「考えが一つにまとまる脳のしくみ」「人に気持ちや考え、心を伝える脳のしくみ」を理解すると、育脳において重要なポイントが見えてきます。

自分の脳で考えをまとめるには、まず同期発火の始点となる自分のA10神経群で情報にプラスのレッテルをはれなくてはなりません。ここでプラスのレッテルをはれないと、自分の脳の中で起きる同期発火が弱くなり、相手に伝えることができなくなります。

自分の中で一つにまとまった考えを相手に伝えるには、まず相手のA10神経群を発火させる必要がありますから、「心を込めて伝える力」が必要です。

また、相手の感情と積極的に同期発火するには、「必ず初めに相手の立場に立って物事を考える力」もなくてはなりません。

さらに、気持ちだけでなく考えや心を伝えるとなれば、相手の自己報酬神経群を活性化させる必要がありますから、「相手を認め、尊敬してほめること」が重要なのです。

同期発火する力は、一般的なコミュニケーションの場だけでなく、さまざまなシーンで影響を与えます。

たとえばチームスポーツでは、チームプレーを行うのに同期発火する力が欠かせません。一流のサッカー選手は仲間と言葉や視線を交わさなくても、ここぞというシーンでよいところにパスを出しますし、仲間はちゃんとタイミングよく走ってくるものですよね。あれは、脳に同期発火する力があるからこそ可能なプレーです。一流のスポーツ選手になるには、ただ身体能力が高いだけでなく、相手の立場に立って考えて気持ちを理解し合い、他者を尊敬して同期発火を起こすことにより心を一つにする力も必要であるといってよいでしょう。

また、同期発火する力は、学校生活やビジネスの場などで意思の疎通を図る際に必要となるのはもちろん、リーダーシップを発揮するためにも欠かせません。多くの人を束ねて動かしていくには、自分自身が強く同期発火を起こし、たくさんの人の気持ちをまとめあげていかなければならないのですから。

鍛えることができる「知能」とは

もう一つ、子どもが才能を発揮できるようにするために、意識して鍛えるべきポイントがあります。それは、「空間認知能」です。

空間認知能とは、空間の中で位置や形などを認識する知能。時間の長さを把握する能力も、空間認知能によっています。少し専門的になりますが、より具体的には、視覚的空間認知能、言語的空間認知能、運動的空間認知能、思考的空間認知能、先を読む空間認知能があり、ものを見て絵に描く、本を読んでイメージをふくらませる、身体のバランスを取って運動するなど、思考したり身体を動かしたりするときに大変重要な役割を果たしているのです。

空間認知能は脳の機能全体にかかわるものといえ、空間認知能が鍛えられていないと、脳は才能を十分に発揮できません。

これほど大切な空間認知能ですが、学校教育でも家庭教育でも、意識的に鍛えられることは少ないようです。詳しくは次章以降で適宜ご説明しますが、たとえば運動的空間認知能を高めるには、姿勢や歩き方を正しく保つ、目線を水平にするといった基本的な習慣づけが大変重要です。

また、思考的空間認知能を高めるのであれば、読み聞かせをし、ストーリーの先を考えさせるような質問を投げかけるといった方法もあります。

「空間認知能」は育脳におけるキーワードの一つですから、ここではまず、「空間認知能は才能を発揮するために重要であり、鍛えることができる知能である」ということを理解しておいてください。

「3歳、7歳、10歳」が重要なターニングポイントになる理由

ここまでは、脳の基本的なしくみについて見てきましたが、子どもの脳を育むには脳の発達過程を知っておくことも大変重要です。

みなさんは、子どもの脳の状態が大人とは違うということをご存じでしょうか。

図4　子どもの脳のしくみと発達のプロセス

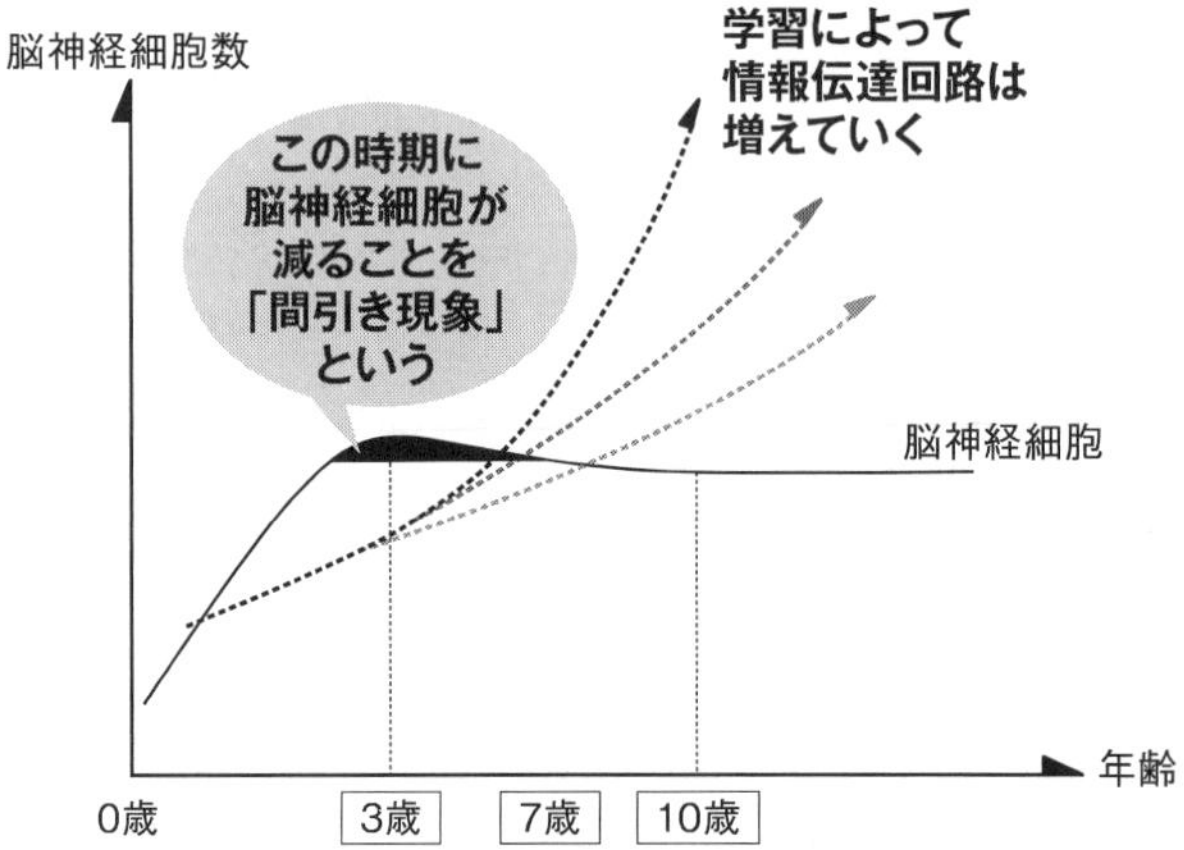
脳神経細胞数
学習によって
情報伝達回路は
増えていく
この時期に
脳神経細胞が
減ることを
「間引き現象」
という
脳神経細胞
年齢
0歳
3歳
7歳
10歳

まず、子どもの脳について、脳神経細胞の数の推移を見てみましょう。

図4のグラフのように、0歳からおよそ3年間は脳神経細胞が増え続けています。脳神経細胞数は3〜4歳ごろにピークを迎え、その後、7歳ごろまでの間は少し減るという不思議な現象があります。せっかく増えたのに、この時期に死んでゆく脳神経細胞があるのです。

これは、3〜7歳の間に脳の情報伝達回路がつくられるため、回路網の形成に邪魔な細胞を消去することが目的といわれています。このように、脳神経細胞が減っていくことを「間引き現象」といいます。

間引き現象が終息すると、脳神経細胞の増減は落ち着きます。7〜10歳以降、脳は脳神経細胞間の情報伝達回路を発達させていく過程に入り、やっと「大人の脳」になっていくのです。

こうした脳の発達過程からわかるのは、まず、0〜3歳の子どもの脳は、神経伝達回路が十分に発達する段階にはない、ということ。そもそも未熟な脳に無理な学習を強いることは脳にとって非常につらい作業なので、教育熱心な親御さんは注意が必要です。

私はよく、幼い子どもを持つ方や教育機関の方々から「早期学習は、脳にとってよいのですか？」と質問を受けます。

一般に早期学習と呼ばれるものは、やり方によってはメリットがあるものもありますが、無理に情報を詰め込んだり、具体的な成果を求めてやらせたりするのはNGです。大好きなお母さんが「やりなさい」と言えば、子どもは頑張って学習に取り組むかもしれません。しかし、未熟な脳に負担をかけて「学習はつらい」という記憶がつくられてしまうと、結局、勉強嫌いの子どもをつくることになってしまいます。

知識の詰め込みや、子どもにとって難度の高い問題を解かせることは、デメリットのほうが大きいといってよいでしょう。

3〜7歳の子どもの脳は、不要な細胞を間引き、脳の神経回路のベースをつくっています。実は、7〜10歳以降に神経回路をしっかり発達させていくには、この時期の過ごし方がとても重要なのです。

先にご説明したように、脳は活性化させれば優秀になるわけではありません。もっといえば、いくら勉強したところで、勉強量が多ければ頭がよくなるというわけでもありません。

結局のところ脳というのは、その機能を本能や心と共にしっかり働かせることができてこそ優秀な頭脳たりえるのです。そして、脳をしっかり働かせることができるかどうかは、物事の考え方や取り組む姿勢など、日ごろの習慣のよしあしにかかっています。

私は、脳の神経回路のベースがつくられる3〜7歳の間は、脳にとって悪い習慣をやめ、よい習慣を身につけるという「脳の基礎づくり」にこそ注力すべきだと考えています。目先の成果にとらわれて、知識をつけさせたり、無理に難しい問題を解かせたりすることはあまり意味がありません。

悪い習慣をやめ、間引きをしっかりと行う。その上でよい習慣を身につけていけば、一生ものの「脳がしっかり働くしくみ」を手に入れたも同然なのですから、長期的な視野に立って育脳に取り組みたいところです。

7〜10歳以降の脳は、間引きが完了し、脳神経細胞が樹状突起を発達させて神経回路をどんどん進化させていきます。大人と同様の脳になりますから、ここからはどんどん勉強してよい時期。判断力や記憶力も、急速に高まっていきます。

ただし、7〜10歳以降は、同時に自己報酬神経群が発達していくタイミングでもあることに留意する必要があります。自己報酬神経群は、「自分がやってやろうと思ったことを成し遂げること」に喜びを感じるのでしたね。このため7〜10歳以降は、親が「○○しなさい」などと指示をすると非常に嫌がるようになります。先回りして指示されたときの「いまやろうと思っていたのに」という口答えは、子どもだけでなく大人もつい言ってしまいがちなものですが、これは自己報酬神経群の働きが止まると、脳の機能が落ちてしまうからなのです。

いつまで経っても〝子ども扱い〟を続け、「ああしなさい、こうしなさい」と指示していると、子どもはどんどんやる気をなくし、脳の機能を落としていきます。

親が先回りをやめ、子どもに「自分からやりたいと思い、自分で成し遂げる」という経験を積ませると、子どもは「あのうれしさをまた味わいたい」と思ってやる気を出し、脳がしっかり働くようになります。

「ああしなさい、こうしなさい」と指図するのではなく、子どもが自分から「ああしたい、こうしたい」と口にするようなコミュニケーションが育脳のカギなのです。

子どもの脳の発達過程を知ると、一足飛びに「頭がよい脳」「才能を発揮する脳」をつくることはできないということがよくわかると思います。子どもの成長に合わせて、その時期の脳が伸ばすべき力を知り、適切な目標を設定することが大切なのです。

第2章以降をお読みいただくにあたって、道標となる大きな目標をシンプルに整理すると、

1　0〜3歳で、脳の本能を磨き、「心が伝わる脳」を育てる

2　3〜7歳で、脳にとって悪い習慣をやめ、「勉強やスポーツができる脳」のベースを育てる

3　7〜10歳で、自ら学ぶ「本当に頭がよい脳」を育てる

4　10歳以降は、よい習慣を存分に活かし、「才能を発揮する脳」を伸ばしていく

となります（図5）。

子どもの才能は後天的に伸びる

「育脳によって、子どもはすごい才能を発

図5　子どもの育脳で知っておくべきこと

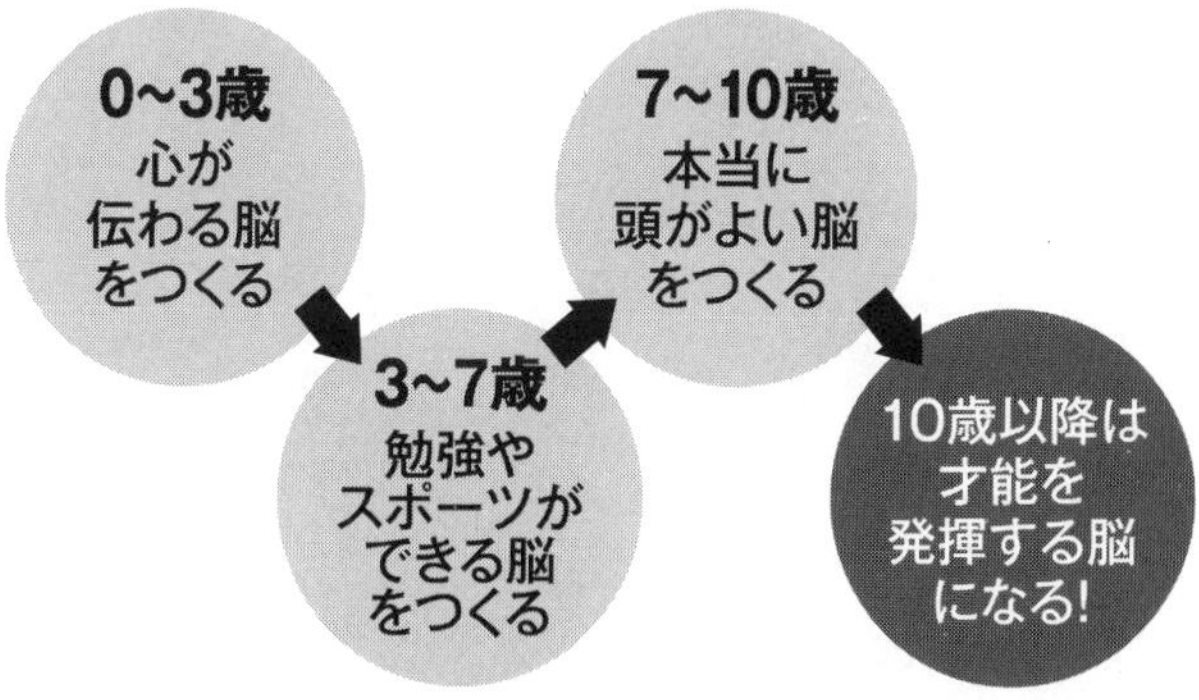
0〜3歳
心が
伝わる脳
をつくる
3〜7歳
勉強や
スポーツが
できる脳
をつくる
7〜10歳
本当に
頭がよい脳
をつくる
10歳以降は
才能を
発揮する脳
になる!

子どもの成長に合わせて、4つの段階で脳を育てる!

揮する」とお話しすると、「才能とは持って生まれたものなのではないか」と不思議に思う方がいるようです。

確かに、「生まれつきの才能」というものがあるのは間違いありません。しかし、才能は環境によって変化するものなのです。医学的には、持って生まれた遺伝子そのものが変わることはありませんが、遺伝子が働く際のプロセスや機能は、環境によって変わっていくことがわかっています。

子どもが秘めている才能は、科学的な理論にもとづいた育脳を行うことで開花させることができます。

また、「運動が苦手」など不得意なことがある場合であっても、大人が子どもの脳を上手に育てられれば、持って生まれた能力をきちんと活かし、不得意なことを克服していくことも十分に可能です。

それから、ここでもう一つお伝えしておきたいことがあります。

「子どもの才能が3歳、7歳、10歳で決まる」というお話をすると、「うちの子は8歳だからもう手遅れではないか」といった質問を受けることが少なくありません。

しかし、育脳に「手遅れ」ということはないのです。

本書は最善の育脳方法、つまり「大人になってから持てる才能を無理なく発揮できる脳」を育てることにフォーカスしており、子どもの脳の発達に合わせ、「その時期だからこそすべきこと」をご説明しています。しかし、たとえ時期が遅れたとしても、脳の機能がしっかり働くにはどのような習慣が必要かを知って実践すれば、年齢を問わず脳のパフォーマンスをアップさせることは可能です。

本書の内容をよく理解して実践すれば、小学校高学年以降の子どもはもちろん、大人の方の能力アップにも十分に役立つことをお約束します。

脳を鍛える10の方法

いよいよ次章からは、0〜3歳、3〜7歳、7〜10歳以降の各時期において子どもの脳を育てるコツをじっくり解説していきます。

前提として、育脳においては、年齢を問わず常に基本となる方法があります。

ここで、脳の「機能」と「本能」「心」を一体で鍛えるための10の方法を見ておきましょう。

①物事に興味を持ち、好きになる力をつける

先にご説明したように、脳は情報を受け取るとA10神経群でレッテルをはります。ここでプラスのレッテルをはられない情報については、理解、思考、記憶といった脳の機能がしっかり働きません。脳の機能を十分に活かすには、さまざまな物事に興味を持って前向きに取り組む姿勢、何でもやってみたいと思う積極性、情報に接したときに「楽しそうだな、好きになれそうだな」とポジティブにとらえられる明るい性格を育むことが必要です。

私は、北京オリンピックの直前、競泳の日本代表チームに勝負に勝つための脳の使い方を講義した経験があります。私のアドバイスの後、競泳チームでは選手たちが次々と記録を更新し、オリンピックで大活躍してくれました。その後、日本競泳チームで北島康介選手を育てた平井伯昌《のりまさ》コーチと話をしたのですが、そのときに平井コーチが「日本

代表のチームには、性格が暗い選手は一人もいませんよ」とおっしゃっていたのが印象に残っています。

というのも、脳医学的に考えると、暗い性格ではスポーツでも勉強でも持てる力を十分に発揮することはできないはずだからです。

性格が暗いというのは、言い換えれば「自分を守る自己保存の本能が強すぎて、慎重になってしまう。そのために、物事をポジティブにとらえる力が弱い」ということだと思います。私は、「日本を代表する超一流の選手たちを指導するコーチの経験談は、明るい性格が脳の力を引き出すことを証明しているな」と思ったものです。

もう一つ大切なのは、学校の先生など、指導者を好きになること。

みなさんは、嫌いな人の話はどうしても熱心に聞けない、頭に入りにくいと感じることはありませんか。

A10神経群は、嫌いな人が発する情報には「嫌いだ、面白くない、興味がない」というたレッテルをはってしまいます。つまり、「先生を嫌いになると、その先生が教える教科も嫌いになる」のです。嫌いなものは理解しにくくなり、考えづらくなり、覚えにくくなりますから、嫌いな先生の教科の成績がよいということはまずありません。

ですから、子どもが先生に叱られて帰ってきて先生の悪口を言い出した場合、お母さんは「そうね」と同調してはいけないのです。「でも、先生にはこんなよいところがあるよね」などと言い聞かせ、子どもが先生のことを好きでいられるようにしてあげましょう。

②人の話を感動して聞く

A10神経群には、感情をつかさどる「尾状核」があり、気持ちを動かすと判断力や理解力といった脳の機能が高まります。このため、話を聞いたときや新しい知識に触れたときに「すごいなぁ」と感動すると、脳の持つ力をしっかり発揮することができるのです。

逆に、物事を斜《しゃ》にかまえて見たり、バカにしたりするような態度は脳にとって大変よくないといえます。子どもには、「面白い話が聞けるかもしれないよ」「まだ知らない新しい学びがあるかもしれないね」などと声をかけ、どんな話も一生懸命に聞く習慣を身につけさせてください。

また、子どもと一緒に人の話を聞くときには、たとえお母さんはすでに知っていることであっても、「すごいね」「面白いね」と言い合い、感動する力を育みましょう。

③損得を抜きにして全力投球する素直な性格を育む

「素直な性格を育む」と聞くと、「大人が言うことをその通りにやるようにしつければよいのだな」と誤解する方がいますが、ここでいう「素直な性格」とは、端的にいうと、「損得を抜きにして全力投球する」という姿勢を持っていることを指しています。

人間は、どうしても損得を考えてしまいがちなものです。しかし、何かに取り組むときに損得を持ち込むと「得するから頑張る」「損するから頑張らない」というように、力の入れ具合を調整することになります。

私は、北京オリンピックで金メダルを取った北島康介選手があれほどすばらしい結果を残せたのは、この「損得を抜きにして全力投球する」という習慣が身についているからだと思っています。普通の人は、練習のときまでずっと本気を出し続けることはないでしょう。「最後の10メートルは軽く流してもいいよな」などと思うのは当然だろうと思います。

ところが北島選手は、練習でも常に全力を尽くして泳いでいるのです。平井コーチは、その様子を「康介は飛び込み台に乗るとアニマルになる」と表現しました。

「自分がやると決め、達成しようとする」という姿勢なくして自己報酬神経群は働きませんから、損得を持ち込んで「頑張らなくていいや」と考えれば、脳はパフォーマンスを十分に発揮できません。

物事に対して常に手を抜かず、全力で取り組むことは、脳が持つ力を最大限に発揮するための習慣なのです。

④「無理」「大変」「できない」など否定的なことを言わない

難しそうなこと、つらそうなことに直面すると、人はつい「無理だろう」「大変だな」

「できないよ」などと否定的なことを言ってしまうもの。このような否定的な言葉を口にしたり、否定的なことを考えたりしてしまうのは、脳の自己保存の本能の表れです。しかし、「無理だ」「できない」と考えると脳が情報にマイナスのレッテルをはってしまうので、思考力や記憶力はダウンします。いつも否定的に物事をとらえていると、本当はできることも失敗したり、必要以上に時間がかかったりといった結果をまねいてしまうのです。

否定的な思考は、真面目に物事に取り組む子どもが陥ってしまいがちなものといえます。しかし、身がまえてしまって「大変そうだな」と口にすれば、どんなに真面目に取り組んだところで、脳はしっかり機能してくれません。真剣になるあまり「できなかったらどうしよう」と心配すれば、できるはずのこともできなくなってしまうのです。

私のある友人は、一緒にゴルフに行くと、いつも一生懸命に否定語を口にしながらプレーしているのですが、「あぁ、ダメだな」と自分を責めれば責めるほど思うようにプレーできなくなっています。「否定語」が脳に与える影響は無視できません。

せっかく「真面目に」「一生懸命」「真剣に」取り組んでいるのに、脳のパフォーマンスを落としているというのは、大変もったいないことだと思いませんか。

育脳においては、親は子どもに否定的な言葉を聞かせないようにすべきなのです。また、子どもを常に励ましたり、頑張ったことやできたことをほめたりして、否定的な思考に陥らないよう見守りましょう。

子どもが難しいことに取り組む際は、ただ「無理そう、大変そう」と考えるのではなく、できていることとできていないことをきちんと整理するのがポイント。脳は、何を頑張ればよいかはっきりしていない状態で「頑張ろう」と言われても、どうしてよいかわからないからです。課題や目標を明確にし、それをどう乗り越えて達成するかに集中することが、脳の力を引き出す秘訣なのです。

⑤目標に向かって一気に駆け上がる

自己報酬神経群をしっかり働かせるには、物事に取り組む際、「決断・実行を早くし、一気に駆け上がる」ことが重要。これは、「本当にこれでよいのだろうか」「失敗するかもしれない」といった、脳によくない影響を与える思考が入り込まないようにするためです。

一般に、「コツコツ取り組むこと」はよいこととされています。何もやらないことに比べれば「コツコツやる」のも悪くはないのですが、「コツコツ」は途中で「失敗するかもしれないな」「この方法は間違っていないかな」といった考えを生んでしまいがちです。

また、脳のパフォーマンスを発揮するのに必要な「全力投球」は、「コツコツ」とは相容れないスタンス。子どもには、「コツコツ努力しよう」ではなく、「目標を決めて、全力投球で一気に達成を目指そう」と教えるべきなのです。

⑥「だいたいわかった」などと物事を中途半端にしない

自己報酬神経群は、「自分で決めたことを自分で達成したい」という気持ちによって働きます。つまり、「達成した」と思った段階で自己報酬神経群の機能はしっかり働かなくなり、思考力などの脳の機能を落としてしまうのです。

たとえば、走っているときに「もうすぐゴールだな」と思えば、それだけでスピードは落ちます。勉強していて「だいたいわかったな」と思うと、思考力がダウンします。「この作業はもうすぐ終わりそうだな」と考えると、効率が急に悪くなり、なかなか終わらなくなってしまいます。いわれてみると、身に覚えのある方が多いのではないでしょうか。物事がまだ完全には終わっていない状態で、「だいたい」「もうすぐ」という考えを持ち込むのは、脳に「止まれ！」と命令しているようなものなのです。

「だいたい」「もうすぐ」と考えないようにするのは難しいのですが、だからこそ、子どものころから物事を中途半端にしない習慣を身につけさせることが大切です。「完璧を目指す」という姿勢や、物事が終盤に差しかかったときほど「ここからが勝負だ」ととらえるスタンスを身につけさせることは、育脳において大変重要なポイントなのです。

⑦重要なことは復習し、繰り返し考える

脳には、新しい情報に瞬時に反応するという特徴があります。このため、どうでもよい記憶や中途半端にしか覚えていない記憶は新しい情報によってかき消され、どんどん

忘れていってしまうのです。「今日の晩ご飯は覚えているけれど、4日前の晩ご飯に何を食べたかは思い出せない」「考えごとをしたら、何をしようとしていたか忘れた」といったことが起こる理由はここにあります。

学習する際、物事をきちんと記憶するには、最初に情報を脳に取り込む段階でプラスのレッテルをはり、しっかり思考することが必要です。さらに、記憶を中途半端にしないためには、「繰り返し復習する」ことが大切。「だいたい覚えた」と考えれば脳はしっかり機能しなくなってしまいますから、「完璧に覚えた」といえるまで復習を継続しなければなりません。

また、先に見たように、考える力を高めて思考を深めるには「繰り返し何度も考えること」も必要です。独創的なすばらしいアイデアを生み出す思考力は、繰り返し考える習慣がつくるといっても過言ではありません。

完璧を目指す復習や、繰り返し考えるという習慣は、一見、非効率に見えるでしょう。もっとスピーディーに、次々と新しいことを覚えたり考えたりしたほうがよいように感じるかもしれません。

しかし、育脳において効率を重視することは間違いです。子どもには、「完璧を目指して復習する」「大事なことは繰り返し何度も考える」という習慣を身につけさせてください。

⑧自分のミスや失敗を認める

脳の自己保存の本能が過剰に働くと、自分が傷ついたり人から責められたりするのを防ぎたいという思いが強くなります。すると、失敗したことやできていないことを認められなくなってしまうもの。

しかし、失敗を認められないことは、脳を機能させるうえで大きな問題を引き起こします。というのも、脳は具体的に達成すべき目標を明確にしてこそパフォーマンスを発揮するものだからです。

脳は、「いつまでに」「何を」「どのように」するかを決めなければ頑張ることができません。つまり自分に足りないものは何かを認識し、克服すべきことは何かを整理できなければならず、そのためにはまず失敗やできないことを素直に認めることが必要なのです。

育脳において、大人は子どもができることをしっかりほめる一方、できていないことに目を向けさせ、それを克服できるよう導くことが求められるのです。

⑨人を尊敬する力をつける

社会の中で活躍し、充実した人生を送っていくためには、人の気持ちを理解し、心を通わせ合わなければなりません。これを育脳という観点で言い換えれば、「他人の脳と同期発火を起こせる脳を育てること」が大切、ということ。

同期発火する力は、「心を込めて話すこと」「相手の立場に立って考えること」「人を尊敬すること」などがベースとなります。なかでも、人を尊敬することは幼いころから習慣づけることが必要。そこで大切なのが、親自身が他人を尊敬する力を身につけることです。

もし身近にいる大人がいつも誰かを見下したりバカにしたりしていれば、子どもも人を尊敬できなくなってしまうでしょう。

親自身ができるだけ他人の優れているところに目を留めるよう心がけ、子どもと一緒に「すばらしいね」「すごいね」などと語り合うようにしたいものです。

⑩〝類似問題〟で判断力を磨く

脳の前頭前野は、統一・一貫性の本能を基盤にして「判断・理解」という機能を担う部分。脳に入った情報をコードパターン化し、新たな情報をコード化して重ね合わせることで、微妙な差異をより分けています。また、統一・一貫性の本能は「クオリア」という心を生み、人間はクオリアによって微妙な差異の好悪を感じ取っているのでしたね。

前頭前野の「差異をより分ける」という機能は、人間に高度な判断力をもたらすだけでなく、緻密な思考を可能にしています。

先に、思考は繰り返すことで深まるとご説明しましたが、思考を重ねていくことは、「ひょっとしたら、同じように見えるが微妙に違うのではないか」「もしかすると、同じかもしれない」などと吟味できてこそ意味があります。つまり、「微妙な違いを判断する力」なくしては、新たな発見や独創的な思考を生み出すことはできないのです。ちょっと、考えてみてください。そもそも、多くの人が「だいたい同じだろう」とおおざっぱに片づけてしまうようなことにも差異を見出し、それをヒントにする人でなくては、「新発見」や「ほかの人が思いつかないような意見」を出すことなどできないはずです。

独創的な思考を生む脳を育てるには、統一・一貫性の本能、クオリア、差異をより分ける判断力を三位一体で磨くことが不可欠。このトレーニングには、幼いころから〝類似問題〟を考えさせることが有効です。

たとえば赤い色のものが2つあったら、「赤いね」で片づけずに「どっちの赤が好き？」と尋ねてみてください。リンゴが2つあったら、「どっちのリンゴが食べたい？それはどうして？」と聞いてみるのです。

このような質問を投げかけられると、子どもは微妙な差異に注意を向け、より分ける力を高めていくことができます。さまざまなシーンで「あなたはどちらを選ぶ？　それはどうして？」という質問をしてあげてください。

第2章　0～3歳は本能を徹底的に磨く

3歳までは本能磨きに集中する

「子どもを早くから教育すれば、頭のよい子が育つに違いない」――このように考え、幼い子どもに知識を詰め込もうと躍起になる方は少なくないようです。

子どものためにと一生懸命になるあまり、「隣の○○ちゃんに負けている」などとよその子と比較し、「どうしてできないの?」と責める――。これは、脳を育てるという観点では、大変よくない状況といえます。

そもそも、ものを覚えたり何かができるようになるのが早いかどうかは、脳の発達具合のよしあしとは関係ありません。子どものときに無理矢理詰め込んだ知識が、将来の脳の機能をよくするということもありません。

それどころか、先に見たように、3歳までは脳の神経回路が発達しておらず、無理な学習は脳への負担となってしまいがちなのです。さらに、お母さんに厳しく叱られたりすれば、自己保存の本能が働いて学習そのものを嫌いになってしまう可能性が非常に高くなります。「学ぶことはつらい、面白くない」と感じるような体験は、できるだけ避けなければなりません。

では、0～3歳の間、お母さんは子どもに何をしてあげればよいのでしょうか。

この時期の育脳のカギは、脳機能の基盤となる本能を磨くことです。大人になってから才能を十分に活かせる脳のベースづくりには、特に脳神経細胞が持つ最も基本的な本能を鍛えることがポイントになるのです。

脳神経細胞が持つ本能は、「生きたい」「知りたい」「仲間になりたい」の3つでしたね。

これらの本能が太古の昔から人間の脳に備わっていることは、人間の脳の産物である社会システムを見ればよくわかります。

人間の脳は、「生きたい」「知りたい」という本能から科学を生み出し、「知りたい」「仲間になりたい」という本能から文化を生み出し、「生きたい」「仲間になりたい」という本能から宗教を生み出しました。

現代では、「生きたい」という本能が家庭というシステムを、「知りたい」という本能が教育（学校）というシステムを、「仲間になりたい」という本能が会社というシステムをつくり、維持しています。

3歳までの子どもの脳にも、もちろん生まれながらに「生きたい」「知りたい」「仲間になりたい」という本能があるわけです。そして、これらの本能から、幼い子どもの脳は「競争したがる」「真似をしたがる、やりたがる」「お母さんやきょうだいなど身近な人と仲間になりたがる」という特徴を示します。

たとえば、子どもに「おもちゃを片づけなさい」と言ってもなかなかやらない場合、「どっちが早く片づけられるか競争しよう！」と言うと張り切って片づけ始めるものです。「走ろう」と声をかけてもぐずぐずしているとき、「あそこまで競争しよう」と持ちかけると、やる気を出して走り出したりします。これは、「生きたい」という本能が生む「競争したがる」という特徴による反応です。

また、子どもは過剰な知識の詰め込みは嫌がりますが、「ちょっとだけ新しいことを覚える」のは喜ぶものです。これは、「知りたい」という本能による「真似をしたがる、やりたがる」という特徴によります。

脳神経細胞の本能を鍛えるには、こうした「○○したがる」という特徴を上手に活かし、お母さんが「仲間」になりながら一緒に「競争」や「ちょっとだけ知る」という体験を積ませましょう。

この段階では「たくさんできるようになったか」「他人より上手にできるか」といったような成果を求めず、子どもがうれしくなるように気持ちを込めて会話をし、たくさんほめてあげることが大切です。

0～3歳の子どもに母親が果たすべき役割とは

脳にとっては、物事に興味を持ち、好きになる力が非常に重要です。理解力や思考力、記憶力を存分に発揮するための最初のカギが「興味を持ち、好きになり、感動すること」ですから、こうした力を持っていることは、頭をよくするために絶対に必要な条件といえます。また、先に見たように「好きになる力」は同期発火の源でもあります。

人間の脳が「好きになる力」をつけるのに大きな役割を果たしているのが、お母さんという存在です。

生まれたばかりの赤ちゃんは、お母さんへの興味をきっかけにして脳の回路網を発達させていきます。「生きたい」「知りたい」「仲間になりたい」という本能が働き、お母さんという、自分を守りながらたくさんの愛情をかけてくれる存在に興味を持つことが、脳の発達の始まりなのです。

0～3歳は、お母さんからたくさんの愛情を受けて「好きになる力」を育てるための時期といっても過言ではありません。その意味で、この時期の子どもはできるだけお母さんと一緒に過ごし、お母さんから声をかけてもらったり抱いてもらったりすることが大切です。

また、周囲の人としっかり関係性を築ける子どもになるかどうかも、この時期のお母さんにかかっています。

人が心を伝え合うには、脳の「同期発火」の力を高めることが必要なのでしたね。同期発火の出発点は「好きになる力」ですが、さらに、「人を尊敬する心」がなくては他者と同期発火しあうことはできません。

人からまったく敬意を払われない人が、他人に敬意を持つことは難しいものです。尊敬の心というのは、自分が人から受けてみてこそ、その貴さを感じることができるともいえます。ですから、子どもが尊敬する心を育てるには、お母さん自身が尊敬の気持ちを持って子どもと接することが必要です。「この子がいるから私は成長できる」と考え、子どもを一人の人間として尊敬することを忘れないでください。

3歳までに「心が伝わる脳」を育むことが、あらゆる社会生活のベースとなることはいうまでもありません。子どもが3歳になるまでの間に、お母さんが果たすべき役割は、非常に重要なのです。

0～3歳は耳を鍛える

育脳において、0～3歳からぜひやっておきたいのは、子どもの耳を鍛えることです。集中してものを聞く習慣がつくと、人の話にきちんと耳を傾けられるようになるので、「感動して聞く力」のベースが育まれます。

耳がよいと、音に瞬時に反応できるので、スポーツに必要な反射神経がよくなるというメリットもあります。

耳を鍛えるには、具体的には「音階をきちんと聞き分ける」というトレーニングが有効です。

私自身の例ですが、研究のためにアメリカの大学に行った際、最初は英語が聞き取れなくて苦労しました。そこで、耳を鍛えるために、モーツアルトを聴く際に「これはどの音か」ということを一音ずつ意識するようにしたのです。これは大変に効果的で、ほどなくして英語の聞き取り能力が大幅にアップしました。

子どもの耳を鍛えるのは、この年ごろの子どもの特徴を活かし、ゲームのようにして遊びながら取り組めるよう工夫するとよいでしょう。

たとえば、楽器で音を出して同じ音階を声に出させ、上手にできたらほめる。ピアノなどの音を聞かせてどの音かを当てるクイズをやる。こんなふうに、無理なく親子で楽しめる方法でよいと思います。

もちろん、子どもが興味を示すなら、リトミックなど幼児向けの音楽教育を目的とした習いごとをしてもよいでしょう。

0〜3歳の子どもの脳を鍛える10のポイント

「生きたい」「知りたい」「仲間になりたい」という本能を鍛えるための具体的なポイントとして、次の10項目を押さえておきましょう。

①明るい表情を見せ、愛情を十分に注ぐ

「生きたい」という本能は、「愛されたい」「認められたい」といった思いを生み出します。こうした思いを0〜3歳までの間に十分に満たしてあげることで、赤ちゃんの脳の「生きたい」という本能を鍛えることができるので、この時期はお母さんが十分に愛情を注いでかわいがることが大切です。

0〜3歳の間の愛情が不足すると、「生きたい」という本能がバランスよく鍛えられず、自分を守ろうとする自己保存の本能が過剰反応する脳になってしまいます。

自己保存の本能は生きていくために必要なものですが、過剰になると、失敗を怖がる、自分を守ろうとして他人を攻撃するといったよくない反応が出てくるので注意が必要です。

赤ちゃんに愛情をしっかり伝えるには、スキンシップや声かけをこまめに行いましょう。

また、お母さんは明るい表情で赤ちゃんと接し、できるだけ笑顔をたくさん見せてあげてください。

泣いたときなどに「そのうち泣きやむから」「甘やかすとよくないから」などと考え、放っておく方もいるようですが、これはNGです。言葉が話せない赤ちゃんにとって、泣くことはお母さんとのコミュニケーションの手段。そこで応えてもらえないと、お母さんの愛情を感じることができません。赤ちゃんが泣いたら、必ず抱き上げる、あやすなどして、赤ちゃんに「寂しい、かわいがってもらえない」と感じさせないようにしましょう。

②失敗を認め、よくほめる

0～3歳の子どもは、ものを落として壊すなど、何かと失敗するもの。育児や家事で忙しいときには、ついイライラして「どうしてそんなに乱暴にするの？」などと叱ってしまうお母さんもいるようです。でも、3歳までは失敗を叱るのはNGです。「生きたい」という本能はほめられることを喜び、ほめられることで鍛えられていくもの。0〜3歳は、たくさんほめてあげることが大切なのです。赤ちゃんが何かできるようになったら「すごいね！」と声をかけ、失敗しても「頑張ったね！」と言ってあげてください。すると、脳神経細胞がいきいきします。

また、お母さんがうれしそうにほめると、人が喜ぶことをうれしいと感じる気持ちが育ち、自分以外の人のために頑張る素地ができていきます。

一方、幼いころにしょっちゅう叱られて育つと、子どもの脳は自己保存の本能が過剰反応しやすくなります。「失敗すると怒られるから、失敗しないようにしよう」と新しいことに挑戦する気持ちを失ったり、「失敗したことを隠そう」と過ちを認めない子どもになったりと、よいことは一つもありません。

③真剣に競争する

「生きたい」「仲間になりたい」という本能から、子どもは競争することを好みます。

ただやらせると嫌がることも、「競争しよう！」と言えばやる気を出したりするものです。

また、きょうだいでかけっこするなど、遊びの中に競争を取り込むと喜びます。手を抜かず、常に全力投球する習慣は、脳の機能をしっかり働かせるために大変重要ですから、本気で競争することは育脳にとってとてもよいのです。

ただし、競争する場合は「大人やお兄ちゃん、お姉ちゃんも真剣にやる」ことが必要。というのも、子どもは相手が手加減していることを見抜くと、自分も手を抜くからです。これでは、脳の本能は磨かれません。

よくやってしまいがちなのは、親や年上のきょうだいが、下の子どもに合わせて〝手抜き〟をすることです。たとえば、きょうだいがかけっこなどで競争しているときに、親が上の子に「お姉ちゃんなんだから本気にならないで、負けてあげなさい」と言ったり、親が子どもと競争するふりをして手加減したりすることはないでしょうか。これは、何事も全力投球するという習慣を身につけさせるためにも、やってはいけないこと。

もちろん、大人や年上の子が本気を出したら、子どもはいつも負けてしまいますし、いつも負けてばかりでは、子どももやる気を失ってしまいます。

したがって、そんなときは、大人や年上の子にハンディをつけるのがお勧めです。子どもの成長に合わせ、勝つか負けるかぎりぎりの状態になるようにうまくハンディを設定するのが親の腕の見せどころ。「全力で頑張れば、勝てる」という状況をつくり出し、そのうえでそれぞれが力を尽くしましょう。

④自分の足で歩かせる

子どもが歩けるようになったら、できるだけ自分の足で歩かせることが「生きたい」という本能を鍛えます。

特に、子どもが自分で歩きたがっているときは、その欲求を満たしてあげることが大切。「歩くのが遅いから、ペースを合わせるのが面倒」などの理由でベビーカーに乗せてしまっていないでしょうか。

もちろん、きちんと自分で歩くことは、足腰を鍛えるという点でもメリットがあるので、「歩きたい」という欲求はどんどん満たしてあげましょう。

⑤やっていることを止めない

0〜3歳は、脳が「興味を持つことはよいことだ」「好きになることはすばらしいことだ」と感じられるよう、子どもの興味・関心を止めてしまわないことが大切です。みなさんは、赤ちゃんが興味を持って手を伸ばしたものを、「ダメよ!」と言って取り上げていませんか? このような対応を繰り返すと、赤ちゃんは興味を持つのはいけないことだ、嫌な思いをすることだと感じてしまいかねません。

子どもの「知りたい」という本能をしっかり鍛えるには、0〜3歳の間に何でも自由にやらせることが大切。ものを口に入れたり、高いところに上りたがったりするのは、「知りたい」という本能の表れですから、「危ないから」とやめさせるのはNGです。

本当に危険なものは片づけておく、手を添えるなど目配りしながら、存分に欲求を満たしてあげてください。

⑥すぐに手助けしない

赤ちゃんは、自分でドアを開けようとしたり、高いところに上ろうとしたりするなど、新しいことに挑戦したがるもの。これは、「知りたい」という本能が働いている証拠です。

ところが、「どうせ、まだできないから」と手助けしたり、「転んだら危ないから」とやめさせたりしてしまう大人が少なくありません。これは、せっかく働いている「知りたい」という本能を止めてしまうことになります。

赤ちゃんの行動は心もとなく見えるかもしれませんが、根気よく見守っていれば、たとえできないことでもあきらめず繰り返し挑戦し続けるものです。できるだけ途中でやめさせないようにしたほうが、赤ちゃんの考える力を伸ばせます。

挑戦することがうれしいと感じられるよう、「すごいね！」とほめたり「頑張れ！」と励ましたりして、子どものやる気を引き出しましょう。

⑦興味を持ったことを応援する

子どもは、アニメなどのキャラクターを好きになったり、男の子なら車や電車を見たがったり、女の子であればキラキラしたものやかわいいものに夢中になったりするものです。大人から見れば、「どうしてこんなものを好きになるんだろう?」と不思議に思うかもしれません。車やアニメのキャラクターの名前を次々に覚えるのを見ていると、「もう少し役に立ちそうなことを覚えればいいのに……」と感じる場合もあるでしょう。

しかし、子どもが何かを好きになることは、その対象が何であれ、脳の発達において非常に重要な意味があります。A10神経群の役割を思い出してください。「興味を持つ力、好きになる力」が育っていないと、情報にプラスの感情のレッテルをはることができず、理解力や思考力が発揮されない脳になってしまうのでしたね。

0~3歳の間に「好きなもののことをもっと知りたい!」という子どもの欲求をしっかり満たすことは、A10神経群の「プラスのレッテルをはる力」を伸ばすことにつながります。

子どもから好きなことを取り上げたり、興味のないものを無理に押しつけたりするのはもってのほか。子どもの興味を存分に満たせるよう、応援してあげるのが親の役目なのです。

⑧子どもの目線で一緒に遊ぶ

子どもの脳を育て、脳神経細胞の本能を磨くためには、親子が一緒に遊ぶことが何よりも効果的です。赤ちゃんが一番大好きな大人である親と遊ぶことは、「仲間になりたい」という本能を育てるのはもちろん、「生きたい」「知りたい」という本能を伸ばすシーンもたくさんあるからです。

子どもと遊ぶときは、親も同じ目線で夢中になることが大切。遊びであっても、手を抜いてはいけません。「面倒だなぁ」と思っていると子どもは敏感に感じ取るものですから、わが子がどんなことに興味を示しているかに意識を集中させるようにしましょう。

⑨話に共感しながら最後まで聞く

子どもが一生懸命話をしているとき、いいかげんに聞き流したり、「はいはい、後でね」などと気のない返事をしたりしていないでしょうか。子育てや家事で忙しいと、ついこうした態度を取ってしまいがちなものですが、子どもの「仲間になりたい」という本能を磨くためには「共感しながらきちんと話を聞く」ことが大変重要です。話を聞く際は「そうなんだね」「すごいね」「うれしいね」などと言葉を添えて気持ちを通わせ合いましょう。

また、話の途中で「後でね」と言われると、子どもは物事を中途半端にして、「だいたい伝わったからいいや」と考える悪いクセをつけてしまいます。どうしても忙しい場合は、「お話は、ご飯の準備が終わったら聞かせてね」などと言い、その約束を守って、会話を途中で終わらせないようにしましょう。

⑩いつも楽しんでコミュニケーションする

まだ言葉がわからない段階でも、明るい声や笑い声を聞かせ、笑顔を見せてコミュニケーションしましょう。愛情を込め、目を見つめてこまめに話しかけると、人と前向きにコミュニケーションする素地ができます。

0〜3歳時のお母さんとのコミュニケーションの取り方が、「仲間になりたい」という本能を鍛えるカギですから、いつも楽しんで子どもと触れ合うことを心がけましょう。

0〜3歳の育脳Q&A

Q 赤ちゃんにはスキンシップが大事だと聞きますが、頻繁に抱っこすると抱きぐせがつくのでは、と心配です。ベタベタしすぎるのもよくないですよね？

A 人間力を高めるには、小さいころにお母さんが赤ちゃんをかわいがることが非常に重要です。0〜3歳の子どもを育てるときのお母さんの主な役割は、「しっかりかわいがること」だといってもいいほどです。

人間の脳の組織は、生まれながらに自我の本能を持っています。赤ちゃんは胎児のころからお腹の中でお母さんの声を聞きながら脳を育てているため、お母さんは赤ちゃんにとって「他我でありながら、自我の中に持ち込める存在」という非常に重要な機能を持っているのです。

自我は、「自分からやってやろう」と思うことで自己報酬神経群を働かせる引きがねとなりますが、そこにお母さんを通じて他我が持ち込まれることによって、脳は「自分のためだけでなく、人のためになることが自分にとってうれしい」と感じるようになるのです。

お母さんから十分にかわいがられ、しっかり他我を持ち込んで「人のためになることがうれしい」と感じられる貢献心を育むことは、社会の中で人の役に立ちながら充実した人生を歩むためには欠かせないプロセスであるといえます。

ちなみに、「他我を持ち込む」という点では、残念ながらお父さんは逆立ちしてもお母さんにはかないません。もちろんお父さんが愛情を込めて赤ちゃんをかわいがることは大切ですが、赤ちゃんの脳がつくられる間中、お腹で育ててきたお母さんと比べると、まったく同じ役割を果たすのは難しいといえます。

お母さんから痛めつけられるような体験をした子どもが、大人になってからパーソナリティ障害になるなど、社会の中でうまく他者との関係性を築けないのは、お母さんから他我を持ち込むという過程を経ていないことが理由の一つと考えられます。幼い子どもにとって、お母さんのぬくもりや笑顔は何よりも重要なもの。惜しみなく、たっぷり愛情をかけてスキンシップを行ってください。

Q 最近、子どもを保育園に迎えに行くと、「帰りたくない」とぐずります。こんなときはどのように対処すればよいのでしょうか?

A 人は自分の言動を否定されたり、何かを強要されると反発するもの。これは自己保存や自我の本能が働くためです。「○○しなさい」「○○してはいけません」と言われるのは、どんなに幼いときでも嫌なものなのです。

ですから、このような場面で「わがままを言ってはいけません」などとお説教するのは、逆効果。幼い子どもが駄々をこねたりぐずったりした場合は、子どもに「共感する」ことを意識して会話してみましょう。

たとえば「帰りたくない!」と言われたら、まずは「そうだね、帰りたくないよね」と言って、相手の言葉を繰り返しながら同意を示します。そして、いったん共感を示したら、「でもね、お家に帰らないとご飯が食べられないよ」「明日、また来ようね」などと言い聞かせるのです。

教育熱心な方は、「きちんと言い聞かせる」ことには気をつけているケースが多いのですが、「共感を示してから」という部分が抜けてしまいがちです。共感を示すのは、「仲間になりたい」という脳神経細胞由来の強い本能にしたがったコミュニケーションの方法であり、「同意、共感」は育脳における非常に重要なポイントの一つです。

少し話がそれますが、「同意、共感」は、認知症の患者さんと介護人が心を通わせるための方法としても有効であることが実証されています。

たとえば認知症の患者さんが夜中に急に「外に行きたい」などと言い出した場合、「ダメだよ」と言っても、患者さんはなかなかおさまりません。

しかし、いったん「そうだね、行きたいね」と受け止めたうえで「でもね、もう外は真っ暗だよ」というように理由を添えて拒否すると、介護人の言うことを素直に聞くのだそうです。これは、「同意、共感」が脳にとっていかに大切かを示しているといえるでしょう。

Q 子どもが言うことを聞かないと、どうしていいかわかりません。ダメなことはちゃんと理由を説明して叱っているのですが……。

A 叱り方というのは難しいものですが、放任すべきところは放任し、介入すべきところは介入する、その判断を適切に行うことが大切です。

たとえば、子どもが家の中で高い所に上りたがったときなどに「危ないからダメ！」と言うのは、バランス感覚や空間認知能を養う機会を奪うことになります。

たとえ失敗して転んだとしても、そこでなぜ失敗したのかを考えるきっかけになりますから、これは親が介入しすぎてはいけない例の一つといえます。

特に子どもが幼いうちは、何かに挑戦しようとしているときに「ダメ！」という否定語を言って脳の働きを止めてしまうことがないようにしたいもの。できるだけ「ダメ！」と言わずにすむよう、家の中では大けがにつながるような危険なものを片づけておくなど、存分に挑戦できる環境を整えてあげましょう。

幼いうちは、ダメなことをしたからといって叱るのではなく、気をそらせてやめさせるのが効果的。これは、脳が新しい情報に強く反応するという性質をうまく使った方法です。

たとえば大人の場合でも、何かものを取りに2階に行ったのに、考えごとをしながら階段を上っていたら何を取りに来たかを忘れてしまった……というような経験は、誰しも持っているでしょう。これは、脳が新しい情報に反応して古い情報を忘れてしまうために起こる現象なのです。

子どもがやってはいけないことに手を出そうとしている場合にも、大人がうまく声をかけてほかの遊びを示せば、自然にやめさせられることが少なくありません。

他人に迷惑をかけるような行動を取った場合など、どうしても叱らなければならないときは、叱り方に注意が必要です。幼い子どもの脳はまだ発達途上であり、大人が思う以上に、理屈を理解することは難しいもの。それなのにお母さんが怖い顔をしてくどくどと言い聞かせても、「嫌な話は聞き流す」という悪い習慣がつくだけです。

また、ある程度理屈がわかるようになってからも、大人が理詰めにして逃げ道がない状態にすると、やはり自己保存の本能が働き、人の話を聞かない子どもになってしまいます。感情的に怒るのも、聞き流しを誘発するので控えるべきです。

やはりきちんと理由を説明したうえで叱ることが大切なのですが、実は、それ以上に重要なポイントがあります。それは、叱る前に共感を示すこと。

たとえばお店の中で子どもが走り回ったら、「広いから走りたいよね。でも、ほかの人がびっくりしたり嫌な気持ちになったりするよ。だから走るのはやめようね」というように、子どもの気持ちに同意して共感を示し、「仲間」になったうえで、ダメな理由を言い聞かせるのです。

このような言い方は、子どもを甘やかしているように感じられるかもしれません。

しかし、共感を示せば子どもは親の言うことをちゃんと聞くもの。厳しく叱りつけたからといって、親の言うことを聞くわけでも、理解できるわけでもありません。「人に迷惑をかけるからやってはいけない」という理由を理解させるためにも、まずは子どもが素直に話を聞く状態をつくる必要があります。

もちろん、時には子どもに怖い顔を見せ、本気で叱らなければならないシーンもあります。それは、道路に飛び出すといった、本当に危険なことをやめさせる場合です。このようなときは、強く「ダメ！」と言ってもＯＫです。ただし、「ダメ！」と言うときは、親が本当に子どものためを思って、それこそ命がけのつもりで言わなくてはなりません。しょっちゅう「ダメ！」と言っていると、子どもは「ダメ！」と言われることが当たり前になり、やはり聞き流すようになってしまいます。

子どもが親の言うことを聞かなくなるのは、少しずつ脳が発育し、「自分でやりたい」という気持ちが芽生えている証拠。言うことを全部聞かせようなどと考えず、広い心を持って「成長してきているんだな、いまは親の言うことを聞きたくないんだな」と受け止めることも大切です。

叱り方を間違って「嫌なことにはすぐ耳をふさぐ」子どもにしてしまわないよう、子どもに任せるところと親が介入すべきところをしっかり判断していきましょう。

ちなみに、私が実際に子育て中の方から聞いて「上手な叱り方だな」と思った方法があります。一つは、「ここからはお母さんのストレス発散だから、聞かなくていいのよ！」と宣言してから思いっきり怒鳴るというもの。もう一つは、おばあちゃんが「どうかよい子になりますように」とお祈りを始めるというものです。共通しているのは、子どもを直接責めることなく「大好きなお母さんやおばあちゃんのためによい子になろう」という気持ちにさせている点です。

お母さんもイライラすることはあるでしょうから、こんな方法を参考に、子どもにあたる形にならないようにしたうえで大きな声を出してみてもいいのではないでしょうか。きっと子どもも、「お母さんに、つらい思いをさせちゃいけないな」と思ってくれるはずです。

Q 幼い子どもにはどんな遊びをさせるべきでしょうか？　テレビは見せないほうがよいですか？

A お勧めなのは、積み木やブロック遊び。立体的なものを積み上げたり組み合わせたりするには、水平を意識し、集中して、ものの形や位置を正しくとらえることが必要で、自然に空間認知能が鍛えられるからです。

先にご説明したように、空間認知能は脳のさまざまな機能にかかわるため、意識的に鍛えるメリットは大きいといえます。空間認知中枢の隣には数字を処理する中枢があるため、空間認知能を鍛えると数字に強くなることも期待できます。

この点、粘土のように形が変わるものは、形を正しくとらえる訓練には向きません。もちろん何か悪影響があるというわけではないので、楽しんで粘土遊びをするのはまったくかまいませんが、幼いころの積み木遊びやブロック遊びに育脳上のメリットがあることは知っておきましょう。

運動能力を鍛えるという意味では、はだしで遊ばせるのもよいでしょう。足の裏の感覚が鍛えられ、バランスを保ちやすくなり、空間認知能が高まることが期待できます。

ちなみに私は、子どものころに砂浜ではだしで遊んでいました。相撲も野球もけんかも砂浜でやっていたおかげで、バランス感覚が磨かれ、運動能力を大きく左右する腸腰《ちょうよう》筋《きん》（背骨を支えながら足を動かす筋肉）も鍛えられました。海辺など環境が整っている方であれば、子どもを砂浜で遊ばせることをお勧めします。

幼い子どもにテレビを見せるのは、悪いことではありません。忙しいお母さんの中には、子どもにおとなしくしていてもらうためにテレビをつけることに罪悪感を持つ方もいるようですが、そんなに四角四面に考えなくてもよいのです。

ただ、気をつけなければならないのは、テレビをつけっぱなしにしていると「集中して見ない、聞かない、人の話を聞き流す」といった悪い習慣が身についてしまいがちなこと。その意味では、子どもが集中し、夢中になって見ている状態のほうがずっとよいといえます。テレビはダラダラ見せっぱなしにするのではなく、子どもが興味を持つ番組を、メリハリをつけて見せるようにしましょう。

Q 子どもがご飯を食べるのを嫌がります。身体が小さく、ハイハイするのも立つのも歩き始めるのも平均より遅かったので、このままで大丈夫なのか心配です。病院では「異常なし」と言われましたが……。

A 子どもの発育状態を心配する気持ちはよくわかります。歩き始めるのが遅かったり、なかなかおむつが取れなかったりすると、「ほかの子どもと比べてうちの子は遅い」「大丈夫だろうか」と考えてしまうものでしょう。

実は、私にも発育の遅い孫がいました。ご飯を食べないので身体が小さく、歩き始めるのが遅く、おしめもなかなか取れなかったのです。母親が鼻をつまんでも口を開けず、ミルクしか飲まないのですから、周囲からは「このままではまともに育たないのでは」と言われていました。

ところが、あるときからご飯をたくさん食べ始め、教えなくても夜中に一人で起きてトイレに行くようになりました。小学生になったいまでは、身体こそ小さめですが、走るのが速く、「冬になったらスキーをやってみたい！」と言っています。

子どもの発達の過程は、一人ひとり違って当然なのです。私の孫のケースは少々極端なくらいですが、幼いころの発育の違いは、脳の発達とは関係ありません。

逆に、成長が遅い部分があったら、「脳の機能の下地を時間をかけてつくっているんだ」と考えてください。

できないことばかりを見て気にするよりも、脳神経細胞の本能を磨く、空間認知能を鍛えるという観点で、できることから育脳をしていけばよいのです。

Q 学習教材をやらせるのは育脳に効果がありますか？　幼いころからやっておいたほうがよい習いごとは？

A 幼い子どもをターゲットにした学習教材はたくさんありますが、「絶対にやっておくべき教材」はありません。というのも、0〜3歳の子どもにとっては、「何を学習するか」ではなく、「どんなふうに学習するか」が重要だからです。

再三ご説明しているように、まだ脳が初期の発達過程にありますから、過剰な期待を抱いてあれこれやらせようとすると、子どもはつらくなってしまいます。

でも、子どもは本来、学習するのが大好きです。生まれながらに「知りたい」という本能を持っているので、新しいことを知るのはうれしいと感じます。「新しいこと」を「無理がないように、ちょっとだけ」教え、「できるようになったら、思いきりほめる」

ことが、本能を伸ばし、学ぶことが好きな子どもに育てるコツです。

また、子どもに教えることは、お母さんも興味を持って好きになり、一緒に楽しむことが大切。親が「自分は英語が苦手だから、せめてわが子には……」と英語教材をあてがっても、大好きなお母さんが嫌いなものには、子どもはなかなか興味を示さないからです。子ども自身が興味を持っていないことは、いくらやらせても脳がつらいと感じるだけですから、無理をさせないようにしましょう。

習いごとも子どもが興味を持つものをやらせるのが第一ですが、脳の本能を鍛えるには、水泳がお勧めです。きちんと大人の話を聞かないとおぼれてしまいますから、水泳をやっている子どもは人の話をよく聞く力がつきます。また、自己保存の本能が働いて水を怖がる子どもは少なくありませんが、それを乗り越えることで、本能の過剰反応を抑える経験を積むことができます。

空間認知能を鍛えるという観点では、絵を描かせるのがよいでしょう。ものの形をとらえたり、物語を聞いてその内容を絵に描いたりすることで、空間認知能のトレーニングができます。

幼いうちは上手か下手かを問わず、絵を描いたら「よく描けたね、上手だね」とほめ、絵が好きになれるようにサポートすることに注力します。

少しずつものを見て描き取れるようになってきたら、色や形、光の当たり方など、注意して見るべきポイントをアドバイスすると、より観察力が鍛えられるでしょう。

以前、あるお母さんから、子どもが描いた絵を素材にして、子どもの目の前でTシャツに刺繍をしているというお話を聞いたことがあります。子どもは絵を描くことがよりうれしいと感じるはずですし、「私が描いてお母さんがつくってくれたTシャツ」は、子どもの「仲間になりたい」という本能を育むのに大変効果的でしょう。

どのようなことにチャレンジさせるにしても、「お母さんと一緒に楽しむ工夫」を取り入れることが大切だと思います。

Q 子どもに根気がなく、あきらめが早いことが気になっています。まだ幼いとはいえ、何でもすぐに「お母さ～ん」と頼ってくるのはよくないと思うのですが、何

事も「自分でやってみなさい」と挑戦させたほうがよいですよね？

A 子どもにできないことがあるのは当たり前ですし、「できないだろう」と思ったことには自己保存の本能が働くので、自分でやりたがらず親を頼るのも自然なことです。子どものためを思って厳しく育てようと考えると「何でも自分でやらせなければ」と考えてしまいがちですが、幼い子どもに必要なのは親からの十分な愛情ですから、突き放すのは望ましい対応とはいえません。「こうやるんだよ」と教えるなり、「こうやったらうまくいくね」と言いながらやってあげるなりしてください。

もっとも、子どもが「自分でやる」と言い出したことは最後までやり遂げさせましょう。なかなかうまくできずに苦労していても、「あなたはお母さんの子だから、できるはずよ」と自我の本能を刺激して自尊心を持たせ、頑張らせることが大切です。できなかったことができるようになれば、子どもの中に自信が生まれ、ほかのことも「自分でやってみたい」と言い出すものです。

第3章 3〜7歳は脳の土台をしっかりつくる

不要な細胞が減ることで脳の土台がつくられる

3歳ごろになると、それまで子どもの脳の中で増え続けていた脳神経細胞は減少に転じます。これは、「アポトーシス」と呼ばれる、不要な細胞が死んでいくしくみによるものです。この時期の「不要な脳神経細胞の死」を「間引き現象」といい、一般に7歳ごろまで続きます。

そして、3〜7歳の間、脳神経細胞の間引きと同時に行われるのが、脳神経伝達回路のベースづくり。脳神経細胞が樹状突起を伸ばし、大人のような脳に向かって回路網をつくっていくのです。

脳神経回路網は、間引きが適切に行われるほどよく発達していくということは、植物を育てた経験のある方であればイメージしやすいかもしれません。

植物を育てる際は、苗がある程度まで育ったところで成育状態の悪いものを適宜抜き取る（＝間引きする）と、よく育っている苗はさらに根をしっかり伸ばして栄養を十分に吸収することができます。間引きをしっかり行わなければ、成育状態のよい苗も、悪い苗のためにその後の成長が阻まれ、その土地全体の植物の育ち具合が悪くなってしまうのです。

「よい間引き」のために脳にとって悪い習慣をやめよう

3〜7歳は、適切に「間引き」し、脳神経伝達回路網のベースをしっかりつくることが重要ですから、知識やテクニックを教え込む時期ではありません。この時期は、「勉強やスポーツができる脳」の基礎固めを目指し、脳の機能や本能、心を鍛える際の妨げとなる「脳に悪い習慣」をやめることに力を注ぎましょう。

では脳機能や本能、心を三位一体で働かせるためにやめるべき習慣とは何でしょうか。ここで、「3〜7歳で徹底的にやめさせたい、育脳に悪い習慣」をチェックしましょう。

お伝えしたい本質的な部分は、第1章の終わりにあげた「脳を鍛える10の方法」と重複するものもありますが、育脳の成否をにぎる大変重要なところですので、復習も兼ねてじっくり読み込んでください。

悪い習慣①物事に興味を持てない、感動しない

もし子どもが「面白くない」「つまらない」「そんなのどうでもいい」などとしょっちゅう口にしていたら、要注意です。興味や感動は、脳をしっかり働かせるための最初のカギでしたね。子どもがこのような言葉を発したら、「本当は面白いんだよ」ということを親や先生が教え、興味・関心を持たせるよう力を尽くさなければなりません。

それから、子どもの表情にも注目しましょう。よく笑っていますか？

情報に「好きだ」「面白そうだ」といったレッテルをはるA10神経群の中には、表情をつかさどる「尾状核」があり、顔の表情筋とつながっています。笑顔を浮かべていると、否定的なことや嫌なことを考えにくいのはこのためです。笑顔は否定的な感情を生まれにくくし、物事への前向きな感情を生み、脳のパフォーマンスを上げる効果があります。

そこでお勧めなのが、朝、子どもと一緒に笑顔をつくる習慣をつけること。私は、救命救急センターで働いていたとき、センターのメンバー全員に「毎朝、鏡の前で顔をマッサージし、笑顔をつくってきなさい」と指導していました。これは、救命救急医療と

いう極限状態ともいえる現場で、脳が常に最高のパフォーマンスを発揮するために行っていた習慣です。

悪い習慣②無理、できない、大変など否定的な言葉を使う

子どもの口から否定的な言葉が出るのは、楽をしたい、失敗したくないといった「自己保存の本能」が過剰反応しているためです。このような否定語には、すべてA10神経群が情報にマイナスのレッテルをはる作用がありますから、何気なく口にするだけで脳の理解力や思考力を落としてしまいます。

これから何かに取り組もうというときに否定語を口にするのは、脳に「やめろ、やるな」と言っているようなもの。否定語が脳に及ぼす影響は、おそらくみなさんが想像する以上に大きいと思います。

このため、私は救命救急センターで「否定語を使わないこと」をルールにしていました。心肺停止状態の患者さんが次々に運ばれてくるような苛酷な状況であるにもかかわらず、「疲れた」「無理だ」「難しい」といった言葉を決して口にしてはならない、と決

めたのです。私が在職していた間、救命救急センターでは、瞳孔が開いた状態で運ばれてきた患者さんの約4割を社会復帰させるという驚異的な結果を出すことができました し、脳低温療法という画期的な治療法を生み出すこともできました。

私は、脳のしくみにもとづいた「否定語禁止」のルールがなければ、同じ結果は出せなかったと思っています。

悪い習慣③よく「後でやるよ」と言う

「後でやる」という言葉は、「やりたくない」という気持ちの表れ。つまり、「後で」と言ってばかりの子どもの脳では「自分からやってやる」という気持ちが育たず、自己報酬神経群を働かせることができません。自己報酬神経群を働かせられないと、思考力や記憶力がきちんと機能しないのはもちろん、「やり遂げよう」という意欲が持てないので何事も達成できない脳になってしまいます。

子どもが「後で！」と言い出したら、どうしていますぐやりたくないのかを考えてみましょう。ほかにやりたいことがあって——たとえば、ゲームをやっていて片づけを

「後でやるよ!」と言う場合は、「いまのうちにお片づけしておくと、ご飯を食べた後でゆっくりゲームで遊べるけど、どっちを先にやるのがいいと思う?」などと尋ねて、子どもの口から「いま、片づける」と言うように促すのが自己報酬神経群を働かせるよい対処法。また、そもそも「片づけが嫌い」という場合は、片づけ競争をするなど一緒に楽しむ工夫をして、「嫌い」という気持ちをなくすのが先決です。

「後で」と何でも後回しにするクセがつかないよう、子どもをよく観察し、うまく導いてあげてください。

悪い習慣④集中できず、途中で違うことを考える

人間の脳は、考えることによってパフォーマンスが左右されます。たとえば、「もう少しでゴールだ」と思うだけで、能力が落ちることがわかっているのです。

私は北京オリンピックの直前、競泳の日本代表チームに「ゴールをゴールだと思うと、その瞬間にスピードが落ちる」ということを説明しました。水泳競技は壁に向かって泳ぎますから、ゴールをゴールと思わないというのは難しいので、「最後の10メートルに

なったら〝マイゾーン〟に入ったと考え、ここからぶっちぎりの泳ぎをすると思いなさい」というアドバイスもしました。その後の競泳チームの活躍ぶりは、みなさんご存じの通りです。

集中力が大事だといわれるのは、「脳はほかのことを考え出すとパフォーマンスが落ちる」ということをみなさんが経験則としてよく知っているからでしょう。ですから、「子どもに集中力がなく、すぐに違うことを考えてしまうようだ」という場合は、要注意。たとえば、テレビをつけっぱなしにして横目で見ながら本を読むなど、集中できない習慣を身につける環境をつくっていないでしょうか？　あるいは、子どもが何かに取り組んでいるときに、大人がそばであれこれ口出ししていませんか？　子どもが一つのことに打ち込める環境を用意してあげられているか、チェックしてみてください。

悪い習慣⑤だいたいできたところでやめる

「だいたいできた」と思ってしまうのは、脳の自己保存の本能が働いて、楽をしたがることに原因があります。しかし、「だいたいできた」は「まだできていないところがある」のと同じ意味。それなのに「だいたいできたから、いいや」と中途半端な状態で次に進むと、脳は新しい情報に反応し、「だいたい」で終えたことをどんどん忘れていきます。

子どもが「だいたいできた」「だいたいわかった」という言葉を口にしたら「まだ終わっていないことは何？」「まだわかっていないのはどこ？」と聞いてみるなどして、何事も完璧にするまでやめない習慣を身につけさせましょう。

悪い習慣⑥人の話を聞き流す

人の話に興味を持ったり、感動して聞いたりというのは、「集中して話を聞く習慣」がなくては成り立ちません。また、人の話をきちんと聞けない子どもは、学校の授業もスポーツの指導者の教えもきちんと聞けませんから、能力を伸ばせるはずがありません。

ところが、お母さんが一生懸命「話を聞き流す習慣」をつくってしまっているケースは少なくないのです。子どもを叱っているうちにどんどんエスカレートして、ついガミガミ怒鳴り散らしてしまう、という経験はないでしょうか。

お母さんは、ついガミガミ言ってしまいがちなもの。これは、女性は言語中枢が発達しているため、喋れば喋るほど調子が上がっていくからです。

このような叱り方をすると、子どもは自己保存の本能が働き、自分を守るために「聞いたふり」をするようになります。残念ながら、「聞いたふり」をしている場合、叱っても叱っても効果はまったくありません。「早くガミガミ言うのをやめないかな」と思うだけです。

いったんこの状態になってしまうと、いくら「ちゃんと話を聞いているの？」と言ったところで、子どもは「聞いてるよ」と言いながら聞き流します。そして、だんだん「人の話を聞き流す」習慣を身につけていってしまうのです。

集中して話を聞く習慣をつけさせるには、感情的に怒るのはNG。また、叱らなければならない場合は、「ああしなさい、こうしなさい」と命令すると、自己報酬神経群の働きを阻害してしまいますから、言い方に注意が必要です。「お母さんも失敗をしたことがあるけれど、こうしたら同じ失敗をしなくなった」などと「どうすればよいか」が子どもにわかる言い方をし、そのうえで「あなたはどうする？」と聞くようにしましょう。

悪い習慣⑦人をバカにする、尊敬できない

第1章でご説明したように、人と気持ちや心、考えを伝え合える脳に育つかどうかは、ダイナミック・センターコアにおける神経細胞の同期発火する力がカギをにぎっています。コミュニケーションする相手と同期発火するには、心を込めて話すことや、相手の立場に立って物事を考えることはもちろん、相手を認め、尊敬することが必要です。

近年は成果や効率を追い求める風潮が強く、人を「勝ち組」「負け組」などと分けて、「他人を蹴落としてでも結果を出すのだ」という考えを持つ人が少なくありません。このような考えは人を尊敬する力を低下させ、周囲とコミュニケーションができない脳をつくり出しているように思います。

しかし、コミュニケーション力は社会で活躍するためになくてはならないもの。就職活動などでも、学生に求める力として多くの会社が筆頭にあげているほどです。

子どもの前で、「あんな子に負けちゃダメよ」「あの先生はダメね、ちっとも成績を上

げてくれないじゃない！」などと、人を見下したりバカにしたりするような発言をしていないでしょうか。親が他人をバカにすれば、子どもも他人をバカにするようになります。このような態度は厳に慎み、親は子どもの前で他人を認め、尊敬すべき点を話すようにしなくてはなりません。

「あの人はすごいね」「真似できないね」などと、人のすばらしさを認めて子どもに語りかけ、「尊敬する力」を養いましょう。

悪い習慣⑧学んだことを確認しない

人間の脳は、あいまいに覚えたことや重要ではない情報は、3日経つと忘れていくしくみになっています。忘れないようにするには、忘れる前に学んだことを確認し、それを完璧に理解できるまで繰り返し、思考を深めることが必要。先を急いで中途半端な理解や記憶を積み重ねたところで、「いくら勉強しても成績が上がらない脳」をつくるばかりです。

子どもには、学習したことがきちんと理解できているかを確認するために、自分の口で言ってみる習慣をつけさせましょう。これを学んだ直後や一日の終わりなどに必ず実行すれば、学習の効果が非常に高くなります。

悪い習慣⑨自分が失敗したことを素直に言えない

脳は、具体的に「いつ、何を、どのように」やるかを明確にしないと、機能を発揮することができません。その意味では、目標をはっきりさせることが脳のパフォーマンスを発揮するための条件であるといってもよいでしょう。

つまり、持てる才能を伸ばすには「自分で足りない部分を認め、課題を設定して改善する」というステップを踏まなくてはならないのです。

この第一歩となるのは、いうまでもなく「自分の失敗を認める素直な心」です。できないことがあるときや、過ちを犯したとき、言い訳したり他人のせいにしたりするのはNG。再三申し上げているように、親は子どものことを認めてほめることが必要ですが、それと同時に「最も身近な場所から、客観的に、真剣に子どもを見ている」という立場から、「いま何が足りていないか」を指摘する役割も負わなければなりません。

もっとも、失敗したことを認めさせるといっても、子どもを落ち込ませる必要はありません。「ここまではできたね、すごいね。次はここを直したら、きっともっとすごくなるね」というように、「まだできていないことに気づくこと」は、「乗り越えればさらに上を目指せるポイントを発見すること」であるととらえられるように導きましょう。

このように考える習慣を身につけると、失敗を認められるだけでなく、失敗を恐れず、失敗しても自分で立ち直る力まで養うことができます。

悪い習慣⑩損得を考えて手を抜く

人間は、損得を考えてしまいがちなものです。しかし、「得をするわけじゃないから手を抜こう」「損をしない程度にやっておこう」といった考えは、才能の発揮に必要な「何事にも全力投球する」という習慣と、真っ向から対立します。

自己報酬神経群は「自分からやってやる」という気持ちがなければ働きませんが、損得勘定を持ち込めば、心底「自分からやる」という気持ちになることはできないからです。

また、いつも全力投球していると、考えと運動神経回路の間にある抑制回路の機能を外せるようになり、考えと同時に身体が反応する優れた「心技体」を培うことができます。

勉強だけでなくスポーツでも才能を発揮する「文武両道」を目指すためにも、子どもに「やるからには常に全力投球する」という姿勢を身につけさせましょう。

「いくら勉強しても頭がよくならない」には理由がある

みなさんの中には、「これまで頑張って勉強してきたのに、その割に頭がよくなった気がしない」「努力したけれど、成績が伸びなかった」という人はいませんか？

よく考えると、不思議ですよね。勉強したからといって、誰もが優秀になるわけではありません。このように、いくら勉強しても頭がよくならない理由はどこにあるのでしょうか。

これは、脳のしくみを知るとよくわかります。ここまでご説明してきたことをもとに、理由を見ていきましょう。

脳には、常に新しい情報に反応したがるというクセがあります。「夢中になっておしゃべりしていたら、最初に何を言いたかったか忘れてしまった」ということが起きるのはこのためです。

ですから、一つのことに集中できず、勉強の途中で違うことを考えると、脳はそれまでに覚えたり考えたりしたことをすっぽり忘れてしまいます。

また、「だいたいできたから」と中途半端な状態で次の勉強に取りかかると、前に勉強したことは頭から消えていきます。

学んだことが新しい情報によってかき消されないようにするには、「完璧にできた」といえるまで繰り返す必要があります。「完璧に」とは、自分の言葉で説明できるまで、と考えてください。

しかし、学校や塾などでは、先を急ぐあまり「だいたいわかった、できた」という状態でよしとしてしまいがちです。子どもが「だいたいわかった」と言うときは、「じゃあ、自分の言葉で説明してごらん」と聞いてみましょう。「わかったつもり」程度のことは新しい情報にかき消されてしまうので、説明できません。そして、こうした勉強をずっと繰り返していると、「いくら勉強してもちっとも成果が上がらない」という脳ができあがっていくわけです。

この「悪い習慣と脳のしくみ」の関係をもとに、東京都のとある予備校で実験を行ったことがあります。

その予備校では、50分の授業の後で10分休憩というサイクルで時間割を組んでいました。そこでまず、成績のよい子どもたちはそのままにして、成績がふるわない子どものクラスは授業を45分に短縮しました。そして、授業後の5分間を、その日学んだことを書く時間に充てたのです。最初はどの子もまったく書けなかったのですが、「わかったつもりが書けない」という現実に気づいたことで、授業で「学んだことを説明できるまで完璧に理解しよう」という姿勢を持つようになりました。

そして、およそ半年経ったころには、きちんと授業で学んだことをまとめられるようになり、その習慣を継続すると、なんと成績がよいクラスの子どもたちを次々と追い抜いていったのです。

勉強はただやればよいというものではありません。「だいたいできた」を繰り返しても、いつまで経っても頭はよくならないのです。

勉強においては、脳のしくみにもとづけば、「気をそらさず集中して取り組むこと」「説明できるくらいまで完璧に理解・記憶すること」「学んだことを確認し、何度も繰り返すこと」が非常に重要といえます。

さて、前項であげた10個の「悪い習慣」のうち、あなたのお子さんにあてはまるものはいくつありましたか？

これらの習慣を3～7歳でしっかりやめることができれば、親は今後「勉強しなさい」などと言う必要はないでしょう。

子どもは自分で興味の範囲を広げながら、進んで学び、脳の機能をしっかり活かして勉強の成果を出していくことができます。

逆に、これらの習慣が残ったまま「勉強しなさい、努力しなさい」とガミガミ言っても、子どもの脳が持てるパフォーマンスを発揮することはありません。

心と本能のギャップに気づけるか

3〜7歳の脳は、まだまだ発達途上。子どもを育てるうえで知っておきたいことの一つに、「3〜7歳は、心と本能のギャップが生じやすい」ということがあげられます。

子育てしていると、「子どもはどうしてこんなふうに行動するのだろう」と不思議に思うことがあるはずです。

たとえば、お友達と楽しく遊んでいたのに、お友達が帰る時間になったら、部屋の隅に行ってしまう。「ちゃんとお見送りしてバイバイを言おうね」と言っても、聞く耳を持たない。お友達が帰ってしまうと、しくしくと泣き出す。

このようなシーンで、「お友達が帰って遊べなくなるから機嫌が悪くなったのね」などと〝大人の感覚〟で子どもの行動をとらえるのは誤りです。大人の目には「嫌なことが我慢できない」「わがまま」などと映る子どもの行動の多くは、実は心と脳の本能の間にギャップが生じ、それにうまく対応できないために起こしてしまうもの。先の例でいえば、友達を大好きになる友愛の心と、寂しさから自分を守りたいという本能がギャップを生み、「本当は大好きな友達にちゃんとバイバイを言いたいのに、言えない」という行動をまねいています。

脳が発達の途上にある子どもには、このようなギャップをうまく処理することができません。ましてや、自分がどうして泣きたい気持ちなのか、口で説明することなどできるはずがありません。

それなのに、大人が「悪い子ね」「そういうことをしてはいけません！」「どうしてちゃんとできないの？」などと責めるような教育をすると、子どもは大人に心を開かなくなってしまいます。

このような時期を「反抗期だから」といって〝わかった気〟になる人は少なくありません。しかし、子どもは反抗しているわけではなく、本能と心のギャップをさばけないだけなのです。

大人はそのことをよく理解し、子どもが取る行動の原因を正しく判断しなくてはなりません。

いたずらに叱ることなく、「○○ちゃんが大好きだから、帰っちゃうのが寂しくて、バイバイが言えなかったんだよね」などと子どもの気持ちを整理し、ギャップをうまくさばけるようになるまで見守ってあげてください。

3～7歳の子どもに父親が果たすべき役割とは

子どもにとって、お母さんの存在は非常に大きいといえます。赤ちゃんはお腹の中でお母さんの心臓の音を聞きながら脳を発達させてきているわけですから、残念ながら、お母さんとお父さんの間には越えられない壁があるのです。お母さんは、子どもが生まれた後、できるだけ子どもと一緒に過ごし、愛情をかけなくてはなりませんし、時には厳しく叱るのも、子どもと長い時間を過ごすのも大切な役目。お父さんが愛情を込めて子どもをかわいがることも、もちろん大切ですが、お母さんにはかないません。

もしかすると、「じゃあ俺の役目は何なんだ?」と思っているお父さんもいるかもしれませんね。もちろん、お父さんにも、子どもの育脳で果たすべき大切な役割がありま す。特に、3～7歳ごろからは意識的にお母さんとの役割分担をしてほしいところです。

お父さんに担ってほしい役割の一つは、子どもの〝逃げ道〟になること。

子どもを育てる過程では、厳しく叱らなければならない場面が出てくるものです。しかし、両親がそろって厳しく叱ると、子どもは逃げ場がないと感じ、叱られることを極度に恐れるようになってしまいます。

その結果、嘘をついたり、挑戦するのを嫌がったりするようになることもありますから、子どもを叱る際は必ず〝逃げ道〟を用意しておくべきといえます。

そこで、お父さんの出番です。お父さんが本気で叱ったら、お母さんより怖いのは当たり前ですよね。必要以上におびえさせるよりは、叱るのはお母さんに任せ、お父さんは子どものフォローにあたる役割を担うのがよいと思います。

もう一つは、子どもと一緒にハメを外すこと。子どもは、ふざけてハメを外し、一緒に遊んでくれる大人が大好きです。「うれしい、楽しい」と感じる気持ちや「お父さんが大好き」という気持ちをしっかり育てるためにも、泥んこになって暴れたりして思いっきり遊んであげてください。子どもの身体が大きくなってきても、お父さんのパワーがあれば、子どもと本気で取っ組み合うこともできるはずです。

３〜７歳で始めたいトレーニングとは

脳のさまざまな力にかかわる「空間認知能」は、日々の習慣やトレーニングによって鍛えることができます。特に、３〜７歳ごろから取り入れたいものをご紹介しておきましょう。

日々の習慣として大切なのは、正しい姿勢や歩き方を身につけることです。

姿勢が正しく保たれていないと、身体のバランスが崩れ、目線が傾くことによって空間認知能がうまく働かなくなってしまいます。これは、目線が傾いていると目から入ってくる情報をいちいち補正しなければならなくなるためです。スポーツでは、目線の傾きを補正することによって身体の動くタイミングがずれてしまうため、姿勢が悪いと実力を十分に発揮することができません。また勉強中も、目線が傾いていると脳に余計な負担がかかり、思考力が発揮できないのです。「文武両道」は、正しい姿勢と水平な目線を保つことから始まるといってもよいでしょう。

子どもの姿勢が崩れていたら、こまめに注意して正しい姿勢を保てるようにしつけてあげましょう。大人であれば「自分で直そう」と意識できますが、子どもには親のサポートが必要です。

ポイントは、「いつでも真上に飛び上がれる状態」を意識させること。立っているときは、目をつぶった状態で飛び上がらせ、元通りの位置に着地できるか確認しましょう。座っているときは、「いつでも椅子からすばやくまっすぐ立ち上がれるように」と教えるのがよいと思います。この姿勢が保てれば、目線は自然に水平になります。

歩き方は、左右の肩甲骨を結んだ線が常に水平になるように意識させます。足ではなく、腰から先に前へ出すのが正しい歩き方なのですが、うまくできない場合は「膝を意識して、膝でバランスを取るようにして歩いてごらん」とアドバイスしてみてください。

また、目を閉じて歩かせ、まっすぐ歩けるように練習してもよいでしょう。

子どもが楽しみながらできるトレーニングとしてお勧めなのが、なわとびです。ただとぶのではなく、地面に丸を描き、そこからずれずに着地するように繰り返すのがポイント。そうすると、真上にとんで着地するトレーニングができます。「ずれずに何回と

図6　腸腰筋の位置と鍛え方

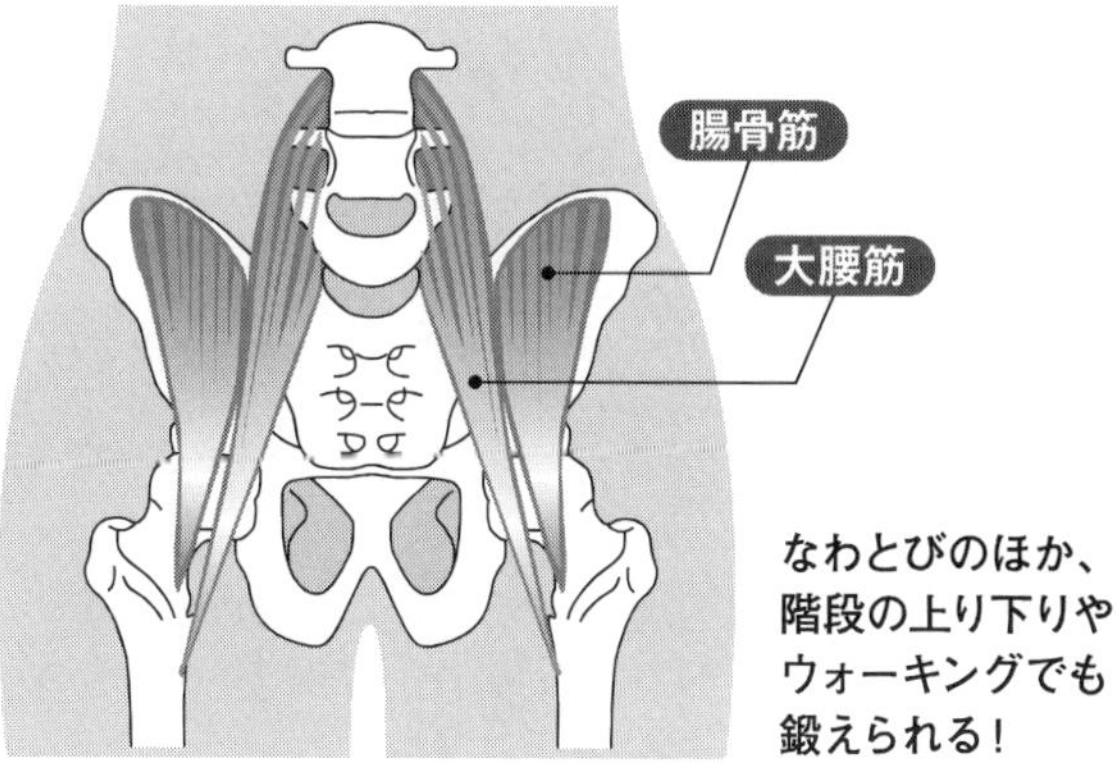
腸骨筋
大腰筋
なわとびのほか、
階段の上り下りや
ウォーキングでも
鍛えられる！

べるか、競争しよう！」などともちかけると、子どものやる気をアップさせることができます。慣れてきたら、上り坂や下り坂で同じルールでとんでみます。しっかり意識しないと、低いほうに身体の軸がずれていきますから、より高いトレーニング効果が望めるでしょう。もちろん、とんでいる間に目線がずれたら直してあげます。

なわとびには、腸腰筋が鍛えられるというメリットもあります。腸腰筋とは図6のように、背骨と大腿骨をつなげる大腰筋と、骨盤と足をつなげる腸骨筋からなっています。

身体の軸を安定させるなど運動能力を左

右する非常に重要な筋肉ですが、日本人はもともと胴体が長いため、欧米人などと比較すると腸腰筋が細いのです。日本人の運動能力の弱みになってしまいがちな部分ですから、身体の成長に合わせてしっかり鍛えていくのが望ましいといえます。

身体の筋肉は意識を向けると効果的に鍛えることができるので、子どもと一緒に図6を見て「ここの筋肉を鍛えるんだよ」と教えてあげるとよいでしょう。

このほか、身体を動かして空間認知能を鍛えるには、親子でボール遊びをするのも効果的です。キャッチボールをしたりボールを蹴り合ったりする動作は、空間の間合いを測るトレーニングになります。また、スポーツで必要となる「相手の動きを観察する力」もつけることができます。

体育は、きちんと鍛えるべきポイントを把握して取り組ませれば、子どもの脳を育てるのに大変役立ちます。運動が苦手な子どもも、トレーニングによって必ず結果がついてきますし、少しでも上達すればそれがうれしくて「もっとやりたい！」と前向きになるはずです。「頑張ってやってみなさい」などとあいまいな指導をするのではなく、ここまでに見てきたポイントを踏まえ、子どもの才能を伸ばせるよう、空間認知能をしっかり鍛えてあげてください。

その際、嫌がることを無理にさせるのではなく、競争を取り入れたり、「終わったら一緒におやつを食べよう！」などと楽しみをつくったりする工夫も必要です。「子どもを何かで釣るのはよくないことだ」と考える方もいると思いますし、確かに子どもが「ものがもらえるから」などと損得を考えるようになるのは避けなければなりません。

しかし、子どもはもともと飽きっぽいものですし、特に不得意なことにチャレンジする場合は、大人がうまくやる気を出させる工夫をすべきだと思います。「おやつをあげるからやりなさい！」と言うのはNGですが、「子どもと一緒におやつを楽しみに頑張る」のは問題ありません。

3〜7歳の育脳Q&A

Q 子どもの才能を見つけて伸ばしてやりたいと思っています。いろいろ習いごとをさせているのですが、本人はどれもあまりやる気がないようです。どうすればやる気になってくれるでしょう?

A 「これを身につけておけば、きっと子どもの役に立つはず」と思って習いごとをさせているのに、子どもがいっこうにやる気を出してくれない……。親としては、「せっかく習わせているのに!」とイライラしてしまうかもしれませんね。

しかし残念ながら、こうしたやり方では、子どものやる気を引き出すことはまずできません。それは、子どもが最初に興味を持てる状況がつくられていないからです。

親が選んだ習いごとの教室に連れていき、「ほら、面白そうでしょう?」と言っても、子どもにしてみれば見るのも聞くのも初めてのことばかり。親の言葉につられて「面白そう」と口にすることはあるかもしれませんが、自分が心底、面白そうだと思って、興味を持ち、「やりたい！」と言っているわけではないでしょう。

習いごとは、子どもが自分から興味を持ち、やりたいという気持ちになってから始めるべきなのです。ですから、まず大切なのは、好きになるような環境を身近に用意し、親自身がそれを楽しんで見せること。たとえば音楽なら、楽器を身近に置いて親が楽しそうに演奏してみせたり、一緒によい音楽を聞きながら「すてきな曲だね」と声をかけたりしてみましょう。子どもが「自分でもやってみたい」と言い出したら、存分にチャレンジできる環境を整えてあげてください。

子どもは、大人が希望するように「あれをやりなさい」「これをやりなさい」と言ってもその通りにはならないものです。まったく興味を示さないものを無理にやらせても、能力を伸ばすことはできません。子ども自身が、何に関心を持っているのか気づけるように導くのが大人の役割なのです。

ただし、一つ注意点があります。それは、子どもが自分から「やりたい」と言ったことはきちんと続けさせること。途中で物事を投げ出すのは、脳にとって大変悪い習慣ですから、「やっているうちに嫌になった」などの理由で簡単にやめさせてはいけません。とはいえ、「自分で言い出したんだから、黙ってやれ！」と放置するのもＮＧ。きっかけがつかめずなかなか上達しないこと、うまくやれないことをただ続けても、興味を失って嫌いになるばかりだからです。

子どもが途中で習いごとを嫌がるようになった場合は、成功体験をうまく積めるよう「こうやってうまくいった人がいるよ」というように具体例を見せてアドバイスするなど、大人がサポートしてあげる必要があります。何らかの成果が出たら、すかさず「さすがお母さんの子どもね！」というようにほめちぎれば、自我の本能と自尊心がポジティブに働いて、やる気を起こすはずです。

子どもが興味を持ち、やる気を出した習いごとは、好きなだけやらせてかまいません。喜んでやっているのであれば、できるかぎりよい指導を受けられるよう環境を整え、いわゆる〝英才教育〟をしてもよいと思います。というのも、子どもは「これだけは自信がある」というものを何か一つでも持っていると、それを支えに困難を乗り越えていけるものだからです。

親は「これで将来的に大成すれば……」などと損得勘定せず、子どもが夢中になれるように手助けしてあげてください。

Q 幼稚園で友達とけんかしたらしく、子どもが幼稚園に行くのを嫌がるようになりました。相手の子は悪気がなく、その後も普通に話しかけてきます。気持ちを切り替えて仲直りし、元気に幼稚園に行ってほしいのですが、どんなふうに対処すべきでしょうか？

A 一度でも嫌な思いをすると、自己保存の本能が働いてしまうためになかなかその経験を克服することはできないものです。本能の働きは非常に強いものですから、克服するにはやはり脳の本能を動員し、ポジティブな方向に向かわせることを考えましょう。

たとえば、「違いを認めて共に生きる」という本能を使うのであれば、「お友達も、意地悪しようと思ったわけじゃないかもしれないね」などと相手を否定する気持ちをやわらげる言葉をかけましょう。絶対に避けるべきなのは、「もう仲直りしなさい」などと指示・命令すること。このような言い方は、自己報酬神経群の働きを止めてしまいます。「お母さんがお友達と仲直りするときは、元気にあいさつして仲直りするんだよ。○○ちゃんはどうする？」などと、やり方を押しつけない言い方でアドバイスしながら、子どもが「自分から動く」ようにしてあげてください。

Q **うちの子は、水泳をやらせれば水を怖がり、鉄棒ではおびえて回転できないといった調子で、恐怖心が強いために運動が苦手なようです。恐怖心を克服させるにはどうすればよいでしょう？**

A 頭のよい子どもほど、物事に慎重になるものです。たとえば、水を怖がってなかなかプールに飛び込めないのは「自分を守りたい」という自己保存の本能が強く働いている状態。本能を克服するには、工夫が必要です。

ポイントは、「飛び込んでも大丈夫なんだ」という成功体験を積ませることなのですが、その際、まず姿勢をまっすぐにして立たせたうえでチャレンジさせなくてはなりません。姿勢が傾いたまま飛び込めば、空間認知能がしっかり働かず、おぼれる可能性が非常に高いからです。鉄棒も、大人がしっかり身体を支え、「絶対に大丈夫、危なくない」という状態で何度も練習しましょう。「無理だ」「できない」と否定語を思い浮かべれば、脳はできることもできなくなってしまいますから、まずは自己保存の本能を克服し、「できない」という考えを取り除かなければなりません。簡単な状態から、「できる」という体験を繰り返し積ませることが重要なのです。

大人がこうした知識を持たず、おびえる子どもにやみくもに挑戦させ、失敗体験を重ねさせてしまえば、子どもは本来持っている才能を発揮することができないままチャレンジすることを放棄するでしょう。

しかし、どんなにべそをかいている子どもでも、成功すれば喜び、またやってやろうと思うもの。大人は、子どもがよい成功体験を積み、「勇気を振り絞れば、きっと何とかなるんだ」と思えるよう、サポートしてあげなくてはなりません。

もう一つのポイントは、子どもに「さっきうまくいったのは、姿勢をまっすぐにしていたからだよ。どうしてかというと……」というように、お父さん、お母さんや指導する大人がちゃんとうまくいく理由を説明してあげることです。子どもが教えてくれる親や指導者に対して絶大な信頼を寄せると、教えられたことを砂に水がしみ込むように素直に聞くようになります。

Q うちの子どもは電車が大好きで、電車の名前を次々に覚えています。これだけ記憶力が伸びてきているなら、もっと役に立ちそうなことを覚えてほしいのですが……。

A 大人はどうしても損得でものを考えがちです。しかし、子どもが興味を持つものに対して、「これは役に立つ」「あれは役に立たない」などと判断するのはNG。もっとはっきりいえば、子どもが興味を持っていることを、大人が「くだらない、意味がない」と決めつけるのは間違いです。子どもが何かに興味を持ったら、親はその興味が存分に満たされるよう、応援しなければなりません。

子どもの興味は一つのところにとどまらず、次々と移り変わり、変化していくものです。たとえば、電車が好きな子どもが「電車の運転手になりたい！」と言ったとき、大人が「そんなのダメよ」などと言うと、子どもは物事に興味を持ち好きになる力を十分に育てることができなくなってしまいます。

しかし、親が「そうなんだ、すごいね、すてきだね」と言えば、子どもはますます興味を深め、電車が動くしくみに関心を持つなど「知ろうとする力」をどんどん発揮していくようになるでしょう。

子どもが何かを好きになることは、持って生まれた能力を発揮し、才能を開花させるための引きがねとなる非常に貴重な経験です。親が損得勘定でそれを摘んでしまうことがないよう、十分に留意してください。

Q 子どもがなかなか文字に関心を示してくれないのが悩みです。少し無理をしても、就学前にひらがなくらいは教えておいたほうがよいでしょうか？

A 前提として押さえておきたいのは、「何かを人より早く覚えたからといって、それで脳が発達するわけではない」ということ。必要以上に焦って無理をさせると、子どもは勉強嫌いになってしまいますから、注意が必要です。

では、子どもが興味を持つまで放っておけばよいのかというと、それもちょっと問題があります。というのは、周りと比べて極端に遅れている状態が続くと、子どもが劣等感を持ち、嫌いになってしまうケースがあるからです。

A10神経群で情報に「興味がある、面白そうだ、好きだ」といったレッテルがはられなければ、理解力や記憶力、思考力が発揮されませんから、子どもが劣等感を持たないようにしなければなりません。

お勧めなのは、たとえば文字を教えるなら、カードをつくるなどしてゲームをしながら覚える方法です。

まずは興味を持たせることが先決ですから、机に座らせて無理に勉強させるようなやり方はNG。勉強を本気で頑張らせるのは7〜10歳以降で十分ですから、それまではとにかく「嫌いにならないこと」「できるだけ興味を持ち、好きになること」に重点を置くべきです。成果を焦らず、子どもの様子を見て、楽しみながら少しずつ覚えられるよう工夫しましょう。

Q **子どもの能力を伸ばすには、できるだけ多様な経験を積ませ、多くの情報に触れさせたほうがよいと聞きます。脳によいのはどのような経験なのでしょうか?**

A 「経験は多いほどよい」と考える方が少なくないようですが、脳には新しい情報が入ると古い情報を忘れるという性質があります。特に脳の機能が完成されていない時期は、たくさんの情報に触れたところで、それをぜんぶ処理したり覚えたりすることはできません。「経験や情報をたくさん与えるのがよいはずだから」と考えて、子どものころから動物園や博物館などに次々と連れていったとしても、脳を育てるという意味ではさほど大きな効果はないでしょう。経験や情報の量を追い求めるのは、育脳においては賢い方法とはいえないのです。

もちろん、子どもに新しい経験をさせることが悪いわけではありません。ただし、その経験を脳にとってよりよいものにしたいのであれば、経験の数ではなく「経験のしかた」を重視すべきです。先にご説明したように、脳は感動しながら見聞きしたことについては深く理解し、思考し、記憶することができます。子どもが何に興味を示すかを注意深く見守り、関心を持ったものは親子で感想を言い合いながらじっくり見聞きするとよいでしょう。

また、家族で外出する際に何より大切なのは、みんなで仲よく楽しむこと。家族全員が同じ経験をし、その感想を共有するということそのものが、「仲間になりたい」という本能を磨きます。「子どもに経験を積ませるんだ」と肩に力を入れすぎず、笑顔で楽しく過ごしてください。

Q 本を読み聞かせるのはよいと聞きますが、ただ声に出して読んであげるだけでよいのでしょうか？

A 小さいころから本を読んであげると、子どもは本が好きになります。「好き」は才能の扉を開けるカギですから、子どもに本を読み聞かせるのは大変よいことです。「好きになる力」が高まるよう、わが子が興味を持つものを選んであげることも大切です。

育脳という観点では、ただ読み聞かせるだけでなく、「先を読む空間認知能」をトレーニングするとよいでしょう。まず、子どもには主人公になった気持ちで聞くように声をかけると、物語にしっかり入り込みます。そのうえで、読み聞かせの途中、「この続きはどうなると思う？」「あなただったらどうする？」などと質問するのです。

このような読み聞かせは、空間認知能を鍛えるだけでなく、「そのものになりきる力」も高めます。この力は、大きくなってからものを覚える際に大変役立つもの。そのものになりきってイメージすると、あたかも自分自身が体験したかのように強い記憶をつくることができるからです。

また、一方的に聞かせるのではなく、間に「うれしいよね」「悲しいね」「困っちゃったね」などと会話をはさむと、子どもは共感を覚えて話を一生懸命聞くようになります。

読み聞かせは、やり方次第で「感動しながら話を聞く力」を養うこともできるのです。

Q 子どもがときどき、キレて手がつけられなくなります。周りのものを壊すこともあり、原因がわからず困っていますが、どうすればよいのでしょうか。

A 我慢できずにカッとなる、へそを曲げて反抗する、突然暴力をふるう——子どもがこのような「キレた」状態になるのは、自分の気持ちをコントロールできなくなるためです。多くの場合、「自我」の本能が傷つけられ、「自己保存」の本能が過剰反応することが原因となっています。自分の弱点や欠点を指摘されたときや、「自分がやりたい」「自分を認めてもらいたい」といった気持ちが満たされなかったときに、自分を守りたいという本能が子どもを制御不能な状態にしてしまいます。

自我が傷ついたときに自己保存の本能をうまくコントロールできないのは、脳が未成熟な段階では無理もないこと。「キレるなんて、どうしてこんなに悪い子になってしまったのだろう……」などと悩む必要はありません。子どもが自己保存の過剰反応を起こさないように配慮し、子どもの脳に我慢する気持ちを育て、本能をコントロールする力をつけさせていくのが親の役割です。

子どもがキレないようにするには、まず親が「子どもは人生に喜びをもたらしてくれる大切な存在である」ことを念頭に置いて接し、尊敬の念を持つこと。尊敬の念というのは、年齢の上下などの立場を超えて、親子を含めたあらゆる人間関係において相互に持つべきものです。

「同期発火に必要な条件」を思い出してください。尊敬の念は、相互に気持ちを伝え合い、心を通わせる前提となります。

叱るときには、自我を傷つけないよう、必ず〝逃げ道〟を残してあげてください。

頭に血がのぼって、つい子どもの人格を否定するような厳しい言葉を選んでいないでしょうか。しつけや教育のためには、時にはしっかり叱ることも必要ですが、叱るのはあくまで子どもの脳を育てるためなのですから、「だからおまえはダメな子なんだ」などと全人格を否定するかのような言い方は不適切。徹底的に追いつめるような叱り方をすればするほど、子どもは自我が傷つくことを恐れ、自己保存の本能を過剰反応させてしまいます。

心を込めて、子どものためを思い、「みんな同じような間違いをするものなのよ、お母さんだって子どものころにね……」などと話して〝逃げ道〟を残しながら叱れば、子どもはキレずに親の気持ちを受け止めることができます。

第4章 7～10歳以降は自主的に勉強させる

子どもに「勉強しなさい」と言ってはいけない

子どもの脳は、7歳ごろに「間引き」を終え、脳の神経回路のベースができあがって、その後は神経回路網がどんどん発達していく過程に入ります。脳はほぼ大人と同じ状態になり、理解力や思考力、記憶力など脳の機能が急速に高まってくるのです。

さて、0〜3歳、3〜7歳までは、「勉強させるより、脳の本能を磨き、悪い習慣を取り除くことに力を注ぎましょう」というお話をしてきました。おそらく、「いつからならしっかり勉強させてよいのか」と思っている方もいるのではないかと思います。

7〜10歳以降は、本格的に学習に励んでよい時期です。ただし、育脳という観点から、大人が気をつけなくてはならないことがあります。

それは、子どもには絶対に「勉強しなさい！」と言わないことです。

親が子どもに「勉強しなさい」と言うのは、子どもを思えばこそでしょう。

しかし、「勉強しなさい」は封印してください。特に、ある程度発達した子どもの脳にとっては、このような指示・命令は〝百害あって一利なし〟だからです。

子どもは、脳が発達してくると、勉強にかぎらず「ああしなさい、こうしなさい」といった指示を嫌がるようになります。親があれこれ口出しすると、「いま、やろうと思っていたのに！」と反発するのです。

これは、脳の発達にともなって自己報酬神経群の働きが活発になっている証拠です。先に見たように、自己報酬神経群は「自分で決めたことを自分で達成したい」と考え、「自分でやる」ことをごほうびとして機能します。つまり、自主性・主体性を持ったときにうれしいと感じるのです。

親が「ああしろ、こうしろ」と指示することは、「自分からやる」ことができなくなることを意味します。つまり、親の指示は、脳に対して「やる気を削いで思考力を落とす」という悪い影響を与えているのです。子どもが「いま、やろうと思っていたのに！」と言うと、親は「素直じゃないな」「言い訳しないで言うことを聞けばいいのに」と思うかもしれません。しかし、これは子どもが〝悪い子〟だから言い訳しているのではなく、「先回りして指示されたくない」という脳の拒絶反応の表れなのです。

7〜10歳以降の子どもの脳は、親があれこれ指示・命令するほど、パフォーマンスを落としていくことになります。

子どもの才能を上手に伸ばすカギとは

7〜10歳以降の育脳は、自己報酬神経群の機能を活かすことがポイントとなります。

では、自主性・主体性を発揮させるためには、どうすればよいのでしょうか。

「指示・命令してはいけないなら、放任主義がよいのでは」——そんなふうに思う方が多いかもしれませんね。しかし、ただ放っておいてよいはずはありません。子どもというのは、さまざまなシーンで判断を誤ったり、どうしてよいかわからずに迷ったりするものです。人生経験豊富な大人が、上手に導く必要があります。

自己報酬神経群の機能を高めつつ、うまく子どもを導くために、カギとなるのは、「よい質問を投げること」。

人生経験がまだ少なく、どうすればよいかがわからない子どもに対して、親はつい

「こうしなさい」と言いたくなるでしょう。

しかし、自己報酬神経群の機能を高めるには、子どもが自分から「こうする、こうしたい」と決めることが重要です。そこで登場するのが、「よい質問」なのです。「こうしなさい」と言いたい内容を選択肢として示したうえで、「あなたはどうすればよいと思う？」と尋ね、子ども自身に選ばせるというステップを踏むのです。

たとえば、理科が苦手な子どもがいた場合、「もっと理科の勉強をしなさい」「わからなければ先生に質問しなさい」と言っても、子どもはなかなか腰を上げません。

そこで、「お母さんも理科は苦手だったのよ。でも、学校の先生にわからないことは何度でも質問に行っているうちに、得意科目になった経験があるの。あなたはどんなふうに取り組みたい？」などと尋ねるのです。

このような場合、子どもがどうすべきか、わかりやすく答えを示してしまってかまいません。あるいは、2つの方法を提案し、「どっちを選ぶ？」と聞いてもよいでしょう。

ここで大事なのは、子どもに自分の口で「自分もそうする！」「私ならこうする！」と言わせることにあります。

子ども自身にも解決策を考えさせたいなら、「もっとよい方法があるかもしれないから、明日までに考えてみてごらん。お母さんの子どもだから、きっとよい方法を思いつくよ」などと、子どもの自尊心を刺激するように持ちかけてみましょう。そして、子どもが頑張って考えてきたら、「さすがお母さんの子ね！」とほめちぎるのです。

このような育脳によって、自ら学ぶよい習慣を身につけることこそ、「本当に頭がよい脳」を育てることであるといえます。

10歳以降はどんどん勉強させる

脳が大人と同程度にまで発達したら、いよいよ勉強の適齢期。10歳以降は、脳はほとんど大人と同じになりますから、ガンガン勉強させてかまいません。そこで大切なのが、子どもに思う存分、勉強に励んでもらうための方法です。ポイントは、「子どもの自尊心を刺激すること」。

たとえば、子どもが頑張ったら「すごいね」「こんな勉強のしかたはあなたしかできないね」と頑張ったことに胸を張れるような言葉をかけましょう。

もう一つ、この時期に意識的に鍛えておきたいのが、物事に取り組むときの順番を決める力。物事の推移を考える際には、思考的空間認知能がかかわっています。子どもはどうしても目の前にある自分がやりたいことから手をつけてしまいがちですから、やはり親が上手に「手順を考える力」がつくようにサポートしてあげたいところです。

もちろん、「先に宿題をやりなさい」などと物事の順番を指示するのはNGです。それを言うと、子どもは「そうしようと思っていたのに！」と反発してしまいます。

子どもの意欲を削がないためには、「宿題とゲームとピアノ、どれを先にやる？」などと選択肢を示して自分で選ばせるようにしましょう。このとき、計画性が身につくよう、アドバイスを添えてもかまいません。

たとえば「いまから宿題をやるとちょうど夕食までに終わりそうだけど、宿題とゲームとピアノ、どれを先にやりたい？」というように尋ねるのです。

親にしてみると、いちいちこのような言い方をするのは面倒に感じるかもしれませんが、自己報酬神経群の働きを阻害しないよう、「子どもに自分で選ばせる」ことを心がけて言い方を工夫してください。

自主的に勉強する環境のつくり方

一流のスポーツ選手が勝負に勝ったとき、「無我の境地だった」「ゾーンに入ったのを感じた」などという表現をすることがあります。実は、このような現象も「脳の機能と本能、心が三位一体で働く」ということから説明することができます。

脳の本能と心は、いつでも脳の機能とうまくかみ合うわけではありません。たとえば、自己保存の本能は、自分を守るための自尊心を生む一方、危険を避ける恐怖心も生み出します。このため、経験のない新しいことに挑戦するかどうかという場面などでは、「自分を守りたい」という本能と、自尊心、恐怖心がぶつかり合うことになりがちです。このような本能と心のギャップがある状態では、脳の機能を十分に活かすことはできません。

では、このような場合に「無我の境地」や「ゾーンに入る」と、脳ではどのようなことが起きるのでしょうか。

「無我の境地」とは、言い換えれば「無心」ということ。つまり、心が働いていない状態です。脳の本能と心、脳の機能がうまくかみ合わない場合に、心という要素が一つ外れれば、問題が脳の機能と本能の関係に集約されるために解決しやすくなるわけです。

「ゾーンに入る」という表現は、自分の思い通りになる範囲（ゾーン）の中で、人間の脳が非常に高いパフォーマンスを発揮することからきています。では、子どもが勉強するときに無我の境地になり、ゾーンに入って脳の力を発揮するためには、どうすればよいのでしょうか。

一流のスポーツ選手に尋ねると、「ゾーンに入った」という感覚は、物理的に自分の身の回りの、手が届く空間で発生しているといいます。このことからわかるのは、子どもが勉強する場合、ゾーンに入るにはあまり広い空間は向かないということです。

また、7〜10歳で自己報酬神経群の働きが活発になってきたら、親は先回りせず子どもを後ろから見守るようにする必要がありますから、親のいる居間などで勉強させるのもやめたほうがよいといえます。親の〝監視の目〟が行き届いた状況では、「やらされている」という気持ちになってしまいがちだからです。

これらを踏まえると、小さくてもよいので勉強机を買い、子どもだけのスペースをつくってあげることが必要だと思います。実際、あるお母さんから、子どもに勉強用の机を用意して「ここはあなたの秘密基地よ！」と言ったところ、子どもが喜んで勉強するようになったというお話を聞いたことがあります。

ゾーンに入るためには空間認知能が必要ですから、安定した正しい姿勢を保つことも大切です。

子どもに勉強の場所をつくることは、脳の本能から考えても、大変重要です。脳には、統一・一貫性を好むという本能があるのでしたね。このため、環境の統一・一貫性が保たれると、脳は力を発揮します。勉強や仕事をする場合、いつも同じ場所を使ったほうがよいのです。

このことを知っておくと、試験やスポーツの試合などでもうまく活用することができます。たとえば、試験会場では「いつもと環境が違う」ということが脳の力を落としてしまいます。これを防ぐには、日ごろから試験の状況、具体的な時期や場所などをイメージしながら勉強するのがお勧めです。

また、試合の会場などで緊張してしまったら、いったん場所を移動しましょう。緊張を覚えた場所に居続けると統一・一貫性が外れず、緊張をほぐすことができないからです。

記憶力が劇的に伸びる方法

勉強していれば覚えなければならないことがたくさんありますから、「何とかして子どもの記憶力をよくしたい」と思っている方は少なくないはずです。

実は、記憶のしくみを知り、上手な方法を取り入れれば、記憶力はもちろん理解力も高めることができます。その方法をご紹介しましょう。

まず大前提として、記憶が生まれるためには、脳が情報を理解し、思考するというプロセスが必要であることを思い出してください。「理解」「思考」のステップで脳がしっかり働かなければ、なかなか記憶はできないのです。

つまり、脳が情報を受け取ったときにA10神経群でプラスのレッテルがはられ、自己報酬神経群が機能する必要がある、ということ。脳の機能から導かれる記憶するための条件を整理すると、「興味を持ち、好きになり、自分でやると決めて、無理だと思ったり大変だと考えたりせず、何度も繰り返して自分で説明できるまで完璧に理解する」ということになります。記憶力は、脳のパフォーマンス全体がアップしなければ高まりませんから、脳神経細胞の本能を磨いて脳に悪い習慣をやめることが記憶力アップに直結します。

具体的にものを覚える際は、「複数の情報を重ねると記憶が強くなる」という脳のしくみをうまく使うのがポイントです。

たとえば、子どもが生まれて初めてある果物を見たとしましょう。脳の視覚中枢が目で見た情報を受け止めると、ダイナミック・センターコアは多くの神経群を通しながら「丸い」「黄色い」「みずみずしい」「おいしそう」といった情報を重ねていきます。このように、観察した事実だけでなく、自分の感情も含めて情報を重ねることによって脳は記憶をつくっているわけです。そして、重ねる情報が多いほど、記憶はより正確になります。触ってみたり、実際に食べたり、においを嗅いだりすれば情報量は増えますから、子どもの脳の中にその果物の記憶がよりはっきりと残るのです。

このことからわかるのは、記憶すべき対象のものに興味を持ち、情報をより多く得ることが記憶力を高めるコツだということ。子どもがなかなかものを覚えられないという場合、「興味を持って情報をたくさん集め、重ねているか」を観察してみましょう。


そしてもう一つ、記憶を強くし、理解力を高めるためのとっておきの方法があります。

ひとくちに「記憶」といいますが、人間の脳には全部で4つの記憶の種類があります。

一つめは、「作業記憶」。これは、誰もがすぐに忘れていく記憶です。「お昼ご飯に何を食べたか」など、どうでもよいと判断された情報は作業記憶となり、4日後には脳から消えていきます。2つめは、勉強によって物事を覚える場合の「学習記憶」。3つめは、身体の使い方にかかわる「運動記憶」。自転車の乗り方を覚えるのは、運動記憶によります。そして4つめが、エピソードを通じて生まれる体験記憶です。

このうち、記憶として最も強烈なのは体験記憶。人間の脳は、自分が体験したことを重視し、強く覚えます。みなさんには、「一度うまくいった方法があると、もっとよい方法があるという正論を聞いても、つい自分が成功した方法を信用してしまう」という経験はありませんか。これは、理論と自分の体験記憶が食い違うと、脳が体験記憶にしたがって行動したがるためです。

この体験記憶は、勉強に導入するととても効果的です。

導入するための方法の一つは、勉強したことを自分の言葉で口に出して〝実況〟すること。これは、アメリカの大学で取り入れられている方法の応用です。アメリカでは授業の後、教授が学生にその日勉強した内容を言わせます。学んだことを自分の口で言うことで、一つの体験記憶をつくっているわけです。記憶の科学的アプローチは、「理解し、考え、体験すること」だと覚えていただくとよいでしょう。

体験記憶を導入するもう一つのやり方は、「理解したいもの、覚えたいものそのものになりきる」という方法。体験とは、身体を動かすことだけでなく、イメージの中でもできるものです。たとえば遺伝子について勉強する場合は、自分自身が遺伝子になったとイメージし、そのしくみや働きを頭の中で自分のこととして〝体験〟するのです。すると、学習記憶に体験記憶を持ち込むことになり、強固な記憶が生まれます。この方法は、いかにそのものになりきれるかがカギになるので素直さが必要ですが、ぜひ一度試してみてください。

10歳以降の子どもに父親がすべきこと

10歳以降の子どもに対してお父さんが果たすべき一番大事な役割は、「背中を見せて、一緒に夢を語ること」。いつも身近にいて、時には細かいことまで叱らなければならないお母さんは、子どもと一緒に大きな夢を語るのにはあまり向きません。やはりここはお父さんの出番といえます。特に小学校高学年や中学生くらいになったら、お父さんは意識して自分の経験談を話し聞かせ、子どもに夢を語らせてください。

もちろん、ただ夢を語らせればよいというわけではありません。子どもが目を輝かせてお父さんの経験談を聞き、「ぼくはこうしたい、わたしはああなりたい」と夢を語るようになったら、次は「夢に向けていまはどこまで何ができているのか、足りないことは何か」をきちんと指摘してあげることが必要です。大人から見て客観的にいまできていないことを示し、脳に対して目標を明確にすることは、子どもが夢に向かって頑張るためのサポートとなります。

このときも、「ああしろ、こうしろ」と指図するのではなく、脳がパフォーマンスを発揮するように子どもの自主性を大切にすることを忘れないでください。

子どもに悪い仲間ができたら深刻な事態だと考えよう

7〜10歳以降になると、子どもが友達と過ごす時間は増えてくるでしょう。脳には「仲間になりたい」という脳神経細胞由来の非常に強い本能がありますから、子どもにとって「友達＝仲間」というのはとても大切でかけがえのないものです。いじめに遭うなどして「仲間はずれ」にされることが、子どもにとって大変つらいのは、「仲間になりたい」という本能が満たされないからです。

ただし、この「仲間になりたい」という本能は、いったん悪い方向に転がり出すと、とどまるところを知らずにどんどん突き進んでしまうという特徴があります。子どもが悪いことをするのは、たいていの場合、仲間とつるんでいるときです。これは、脳の本能が「仲間はずれにされたくない、仲間とつながりを深めたい」という思いを生むからです。仲間の誰かに悪いことをしようと誘われれば、断るのは大変困難なのです。仲間意識が高まるにしたがって「悪さ」がエスカレートすることも珍しくありません。

子どもが仲間をつくることは大切ですが、親や教師など子どもの周りにいる大人たちは、その本能が悪い方向に向かわないよう注意深く見守る必要があります。

そして、もし子どもたちが仲間同士で悪質な悪さをする場合は、かなり深刻な事態と考えるべきです。

もちろん、子どもに「あんな子たちとつき合ってはいけません」と言うのはNGです。仲間と引き離そうとしているとわかれば、子どもは強く反発するでしょう。

また、「うちの子は悪くない」などと言ってほかの子どもを責めるのも、問題の本質からずれた行動です。

そもそも子どもが悪さをするきっかけは、たいていの場合「学校で勉強についていけなくて面白くない」「ちょっと背伸びしてみたい」など、ささいなことが多いものです。

ところが、一人ひとりはよい子どもでも、「仲間になりたい」という本能の強さが

「みんなで悪いことをする」という行動を誘発すると、大変な問題になってしまうのです。大人たちは、そのことを心に留めて対処する必要があります。

たとえば、いじめ問題が起きたときに一番初めにしなければならないのは、どうすれば解決できるのか、子ども全員の意見を聞いてあげることです。よい答えが出てくれば、それをほめてあげ、みんなで実行することを誇りに思えるようにするのです。それでも解決できない場合は、クラス替えを行うなどの対策を取り、環境の統一・一貫性を壊すことで、子どもたちが自然に「仲間」と離れる状況をつくることです。対策を決める際は、大人たちが「全員で子どもを守るのだ」という共通認識を持ち、一致団結して話し合いましょう。

大人はどんなに悪いことをした子どもにも「ダメな子だ」というレッテルをはるべきではありません。「一度は悪いことをしたけれど、おまえならこの難しい前提条件のもとでも立ち直ってよい子になれる」と言い続け、できたことをほめ、敬意を払って自尊心を高めてあげてください。大人が正しい育脳を行い、悪い習慣を取り除くように導けば、どんな子もすばらしい子どもに育てられるのです。

7〜10歳以降の育脳Q&A

Q 学校の授業についていけなくなったらどうしようかと心配です。やはり塾で先取り学習をさせたほうがよいでしょうか？

A 先取り学習で注意しなければならないのは、子どもが育脳にとって悪い習慣を身につけてしまう可能性が非常に高いことです。

たとえば、塾で先取り学習していると、学校の授業を「もうだいたいわかっているよ」と聞き流したり、学校の先生を尊敬しなくなったりしてしまいがちです。

先取り学習していれば、小学校、中学校くらいまではよい成績を取れるかもしれません。ところが、だんだん悪い習慣の影響が出てきてしまうため、高校に進むころには急に成績が落ちてしまうケースが少なくありません。

みなさんの周りにも、小さいころからたくさん塾に通い、いつも「こんなの、もう習ったよ」と言うような人がいませんでしたか？　勉強ができると評判だったのに、成長するにつれてだんだん成績が落ちてしまう……そんなケースを身近に見ている人は少なくないはずです。

その背景には、「だいたいわかっているから」と人の話を聞き流す、教えてくれる先生を尊敬しないといった、「脳にとって悪い習慣」が隠れています。

子どもの成績が落ちるのは、勉強嫌いばかりが原因ではありません。なかには、こうした「先取り学習の弊害」が原因となっている場合があることを知っておいていただきたいと思います。

学習において重要なのは、実は予習よりも復習です。「だいたいわかった、覚えた」ではなく「完璧にわかった、覚えた」というところまでやり抜くことが大事だということを忘れないでください。

もちろん、先取り学習にもメリットはあります。それは、よい成績を取ることで子どもが自信をつけられることです。一つでも自信が持てるものがあると、子どもはさまざまなことに対して意欲的に取り組むようになります。

また、先にご説明したように、同じことを繰り返し勉強することは脳の思考力を高めるうえで非常に大切です。先取り学習するのであれば、「繰り返し勉強する」という習慣の一環として取り入れることが肝要です。

先取り学習をさせる場合には、弊害が出ないよう、「一度塾で習ったことでも、学校の授業ではまだ知らないポイントが出てくるかもしれないよ」「どんなことでも、感動しながら話を聞くと、頭がよく働くんだよ」などとアドバイスしましょう。子どもが興味を持って最後まで人の話を聞けるように導くのが、大人の役目です。

Q うちの子どもは算数が好きではないようで、勉強をいつも後回しにしています。ほかの科目と比べると、成績もよくありません。「もっと算数を頑張って勉強しなさい」と言うと、嫌な顔をして「言われなくてもやるよ」「うるさいなぁ」などと反抗するのですが、どうすれば前向きに勉強してくれるようになるでしょうか？

A まずは、子どもがなぜ算数の勉強をしたがらないのか、理由を考えてみましょう。ほかの科目の勉強ばかりしているという場合、親としては「もっと効率よく、算数もちゃんと勉強してほしい」と考えるかもしれません。

しかし、「算数も勉強しなさい」などと指示・命令されると、子どもは自己報酬神経群の働きが阻害されるために強い拒絶を示すはずです。ほかに得意科目があるのであれば、「全部の教科でよい成績を取らせたい」と欲ばらず、まずは頑張っている科目があることをほめてあげましょう。算数への興味を失っているのでなければ、勉強へのやる気をアップさせることで、自分から算数の勉強にも手をつけるはずです。

もし算数が苦手になって勉強を嫌がっているのであれば、「興味を持ち、好きになる」よう導いてあげなければなりません。その際にポイントとなるのは、達成感を味わわせることです。

勉強は、わからないことがあったり解けない問題にぶちあたったりと楽しいことばかりではありません。それでも前向きに頑張れるのは、「できた、わかった」という達成感を味わった経験を持ち、それをまた味わいたいと思うからです。自己報酬神経群は、「自分でやろうと決め、自分で達成する」という経験を積むほどよく働くようになります。

達成感を味わわせるには、とにかく簡単な問題をたくさんやらせてください。この場合、「これなら絶対にできる」というレベルのもののほうが望ましいでしょう。そして、子どもが問題を解けたら、「すごいね！」とほめてあげるのです。

できないことを何度も何度もやらされるのは、苦しいもの。難度が高い問題を無理に解かせ続ければ、子どもは達成感をなかなか味わえず、勉強を苦痛と感じるようになってしまいます。それよりも、できることをやらせて自信をつけ、その積み重ねで一生懸命頑張る力をつけていくことが大切です。

簡単な問題をやらせるとなると、親は「こんなレベルでよいのだろうか」と不安になるかもしれません。焦りが生まれるのは、ほかの子どもとわが子を比較しているからでしょう。

しかし、一時的に「ほかの子より学習が遅れていること」を気にしても意味はありません。最終的にしっかり物事を理解し、自信をつけることのほうが重要なはずです。

完璧にできることを繰り返す学習法は、知識の強力な基盤をつくります。気持ちに余裕を持って、子どもを見守ってあげてください。

Q 子どもがいつも覇気がなくダラダラして、宿題も後回しにしがちです。もう少しシャキッとさせたいのですが、どうすればよいでしょうか？

A 大人でも子どもでも、脳が疲れれば意欲や能力は低下しますし、疲れをため込めば心まで不安定になってしまいます。子どもが言い訳したり、「気分が乗らないから」と物事を後回しにしたりする場合は、脳が疲労している可能性があると考え、脳の疲れを取る工夫をしたほうがよいでしょう。

では、上手に脳の疲れを取り除くには、どうすればよいのでしょうか？

一般に、身体の疲労は疲労物質である乳酸や活性酸素などを排除することによって軽減されますが、脳の場合は疲れの取り方が異なります。実は、脳には疲労を除去する中枢があるのです。この疲れを取り除く中枢がA10神経群とつながっているため、A10神経群の機能が高まると疲労が軽減されるしくみになっています。

ちょっと考えてみていただきたいのですが、みなさんは「面白い」「好きだ」と感じていることに取り組んでいるとき、「頭が疲れたな」とは感じないはずです。面白い話を聞いていればあっという間に時間が過ぎるのに、つまらない話を聞いていると疲れを感じるという現象も、身に覚えがあるでしょう。これは、A10神経群がよく働いているときは脳が疲れないからです。つまり、物事を好きになる力や、感動する力、興味を持つ力が強い子どもは、A10神経群の機能が高まりやすいため脳が疲れを感じることが少なく、脳のパフォーマンスを十分に発揮する素地を持っているということができます。

脳が疲れてしまった場合、最も簡単かつ効果的に疲労を除去する方法は、楽しい会話をすることです。「面白い」「楽しい」という気持ちが、A10神経群の働きを高めてくれます。

子どもの脳が疲れていると感じたら、子どもが好きなものについての話題を振るなどして、会話を楽しむようにしましょう。

逆に、「そんなふうにダラダラして……」「もっとシャキッとしなさい！」などと文句を言うと、A10神経群は親の言葉にマイナスのレッテルをはってしまいますから、脳は疲労を取れずさらにため込むだけです。疲労をため込みやすくなると、集中力がなくなったり、「後回し」の悪いクセを習慣化させてしまったりと、脳にとってよいことは一つもありません。

子どもの脳を育てる際には、できるだけ否定的な言葉を使わず、明るく前向きな性格を育むことを心がけてください。

あとがき

世の中には、子どもの育て方に関する情報が非常にたくさんあふれています。これは、子どものよりよい成長や才能の発揮を願う方がそれだけ多いことの表れでしょう。
しかし、子育てや教育にまつわる情報の多くは、「こう育てたらよい子になった」というような経験にもとづいたものでしかなかったように思います。

早期学習や英才教育は行ったほうがよいのか？
自由奔放に、のびのびと育てたほうがよいのか？
駄々をこねたら、厳しく叱るべきなのか？
嫌がることでも、我慢してやらせれば能力は伸びるのか？

このような、多くの方がごく普通に直面する問題に対してさえ、これまで科学的な理論を根拠とした回答が示されることはありませんでした。〝早期教育推進派〟と〝自由奔放派〟の議論は宗教論争のようなもので、かみ合うことはなく、結局、誰も「本当はどうすべきなのか」を知らなかったのです。

そのうえ、日々子どもと向き合う中では、子どもが想定外の反応を示すこともあるもの。いってみれば、子育ての現場には〝応用問題〟がたくさんあるわけです。経験のみにもとづいた、「こんなときはこうすればよい」式の教育論では、〝応用問題〟の回答を導くことはできません。

結果として、子どものためを思いながら、子どもの脳によくない育て方をしてしまっている方も少なくないように思います。

しかし、本書を読了されたみなさんは、脳医学的な理論にもとづいて、「本当はどうすべきなのか」を理解し、〝応用問題〟を解く力を身につけられたはずです。

私は、子どもの教育に携わるすべての方が、成長期における子どもの脳の未熟さや脳のしくみを正しく理解し、次世代を担う子どもたちの育脳に取り組んでほしいと願っています。みなさんは、ぜひ本書で学んだことを活かし、子どもの才能を十分に伸ばしてあげてください。

最後に、大事な話をもう一つ。

本書の冒頭で、私は育脳の目的についてみなさんに問いかけました。

子どもの教育にあたっては、時に誤った目標が置かれ、それに向かって大人が暴走することがあります。近年、「勝ち組」「負け組」といった言葉が社会に広がっている状況を鑑《かんが》みるに、「人を蹴落としてでも自分さえ勝てばよい」とする自己中心的な考えを持つ人も増えているようですが、これは教育方法を誤った結果の積み重ねなのではないでしょうか。端的にいえば、人と比較し、成果を求めて、勝ち負けを重視する教育が、貢献心を失わせているのだと思うのです。

しかし結局のところ、このような教育は子ども自身のためになりません。自己中心的な考え方を持っていては、子どもが「社会の中で活躍し、充実した人生を送ること」は望めないでしょう。

子どもを育てていくにあたっては、どうか、目先の成果や勝ち負けにとらわれるのは大変危険であること、貢献心を育む教育こそ目指すべきものであることを忘れないでください。貢献心を持つ人の周りには、自然にすばらしい人が集まるものです。そこで相互に尊敬し合い、気持ちや心を通わせる力があれば、子どもは自ずと豊かな人生を切り開いていくことができるのですから。

本書によって、一人でも多くの子どもが将来社会で活躍し、周囲の人と共に幸せな人生を送る道筋をつくることができるのであれば、著者としてこのうえない喜びです。

二〇一一年一月

林成之

著者略歴

林成之《はやしなりゆき》

一九三九年富山県生まれ。日本大学医学部、同大学院医学研究科博士課程修了後、マイアミ大学医学部脳神経外科、同大学救命救急センターに留学。九三年、日本大学医学部附属板橋病院救命救急センター部長に就任する。日本大学医学部教授、マイアミ大学脳神経外科生涯臨床教授を経て、〇六年、日本大学総合科学研究科教授。〇八年、北京オリンピックの競泳日本代表チームに招かれ、「勝つための脳」＝勝負脳の奥義について、選手たちに講義を行い結果に大きく貢献する。著書に『脳に悪い7つの習慣』（幻冬舎新書）、『〈勝負脳〉の鍛え方』（講談社現代新書）、『ビジネス〈勝負脳〉』（KKベストセラーズ）、『脳力開発マップのススメ―凄い才能を自分で創る』（NHK出版生活人新書）など多数。

幻冬舎新書 198

子どもの才能は3歳、7歳、10歳で決まる!

脳を鍛える10の方法

二〇一一年一月三十日 第一刷発行
二〇一一年七月 十 日 第六刷発行

著者 林 成之
発行人 見城 徹
編集人 志儀保博

発行所 株式会社 幻冬舎
〒一五一-〇〇五一 東京都渋谷区千駄ヶ谷四-九-七
電話 〇三-五四一一-六二一一(編集)
〇三-五四一一-六二二二(営業)
振替 〇〇一二〇-八-七六七六四三

ブックデザイン 鈴木成一デザイン室
印刷・製本所 株式会社 光邦

Printed in Japan ISBN978-4-344-98199-7 C0295
は-5-2

幻冬舎ホームページアドレス http://www.gentosha.co.jp/
*この本に関するご意見・ご感想をメールでお寄せいただく場合は、comment@gentosha.co.jp まで。

幻冬舎新書

林成之
脳に悪い7つの習慣

脳は気持ちや生活習慣でその働きがよくも悪くもなる。この事実を知らないばかりに脳力を後退させるのはもったいない。悪い習慣をやめ、頭の働きをよくする方法を、脳のしくみからわかりやすく解説。

石井至
慶應幼稚舎

初年度納付金は最低で約150万円。縁故入学は多くても4人に1人。お受験教室の運営を通じて慶應幼稚舎を知り尽くした著者が、その教育理念、入学試験、学費、卒業後の進路などを徹底分析！

小山薫堂
考えないヒント
アイデアはこうして生まれる

「考えている」かぎり、何も、ひらめかない——スランプ知らず、ストレス知らずで「アイデア」を仕事にしてきたクリエイターが、20年のキャリアをとおして確信した逆転の発想法を大公開。

小山薫堂
もったいない主義
不景気だからアイデアが湧いてくる！

世の中の至るところで、引き出されないまま眠っているモノやコトの価値。それらに気づき、「もったいない」と思うことこそ、アイデアを生む原動力だ。世界が認めたクリエイターの発想と創作の秘密。